U0520898

这里是磅礴又粗犷、坚忍又昂扬的西北

陕西、宁夏、甘肃、新疆的博物馆

串起丝绸之路上的史诗篇章

丝路起点长安,在凝结周秦汉唐历史的遗迹里轰然作响

塞上江南宁夏,留下西夏故国的辉煌

一路向西穿过玉门关,在甘肃博物馆里

感受蓬勃滚烫的生命力

再往西行来到新疆,这里活泼烂漫的异域风情

成为中华文化中不可或缺的一抹风神

博物馆里的中国历史

丝绸之路 超时空旅行

罗米 著

图书在版编目（CIP）数据

博物馆里的中国历史. 丝绸之路超时空旅行 / 罗米著. -- 北京：天天出版社，
2020.10
ISBN 978-7-5016-1647-3

Ⅰ.①博… Ⅱ.①罗… Ⅲ.①博物馆—历史文物—中国—少儿读物
Ⅳ.①K87-49

中国版本图书馆CIP数据核字(2020)第179362号

从哪里来,到哪里去?

网上流传着一个段子,说北大校门口站岗的保安是最有思想的人,因为面对每个进校的人,他们都会追问三个问题:你是谁?你从哪里来?你到哪里去?

这其实也是我们人类孜孜以求数千年的终极问题!

回答北大保安的问题不用费力,但想找到这"终极三问"的答案却很难。

不过,当我们走进博物馆,大概会发现自己离答案近了一点。

初进博物馆,站在拙朴恢宏的陶器、青铜器面前,站在巧夺天工的玉器、瓷器面前,站在萧疏简淡的文人书画面前，我们首先感受到的是中华民族的想象力可以达到何等的广度，创造力可以达到何等的高度，思维可以达到何等的深度。国宝、文物、艺术品，它们多么令人震撼、令人敬畏！

如果你能放下这样的思想包袱，真正走近它们，与它们对话，你会发现它们比想象的要亲切得多。你看，七千年前的杯盘碗盏，它们的样式和我们今天使用的几乎一样，作用当然也基本相同；三千年前刻铸了主人名字的青铜礼器，与我们今天的"高级定制"何其相似；至于书法和绘画则更让人备感亲切，我们几乎人人都参加过相关的兴趣班，感受过一番笔墨涂抹的乐趣。如果你愿意寻找，还可以发现更多活泼有趣的古今共同点：史前的一只陶壶把上刻着两个点和一条上翘的弧线，这不正是今天电脑上的笑脸符号吗？汉代的百戏陶俑耸肩吐舌，活像表情包……

为什么历史会有这样神奇的重现？为什么我们接受它们毫不费力？

因为人同此心啊！

虽然我们与创造它们的祖先隔着千百年的光阴，但血脉相连，思想相通，文明薪火相传。在某一瞬间，我们会因为读懂了古人的心思而莞尔一笑；在某一瞬间，似乎我们体内沉淀的古老记忆被突然唤醒，以至于心跳加速、热血奔涌。

个人的情感体验，就在博物馆中不知不觉得到了丰富和升华，像有一种神秘的力量吸引着你去探索自己的内心，让你变得丰富而有趣，坚定而有力。

这种感觉，如此幸福，令人陶醉。

当然，如果你储备了更多历史文化知识，这种幸福感会来得更加强烈。

每件文物都是政治、经济、科技、文化、艺术在某个时间节点上的交汇与融合，它背后关联的是鲜活的人和具体的事，是绵延的时间和宏阔的空间。我们可以还原这些文物背后的历史场景，理解我们祖先的喜怒哀乐，明白他们一路走来的选择与艰辛，以及他们憧憬要去的地方。

其实,他们就是我们。

我们了解得越多,越能明白我们是谁;我们了解得越多,越能感受到来自文化深处的神秘力量,它让我们内心强大,无所畏惧。

再回到本文开头那个问题,我们是从哪里来的,要到哪里去?相信这一刻,也许你心中已有了答案。

经常出入博物馆,三千里江山在眼前铺陈,五千年文化在心头奔流,耳濡目染与潜移默化中,自然胸怀博大、格局宽广、眼界高远。这样的人,往往内心坚韧、步履从容,所行之路,无论平坦坎坷,必定有星辰大海相伴。

拥有如此灿烂的文明是一个民族何等的幸事,能亲近这些文化遗产,又是何等美好的体验啊!齐白石老人曾说"万物过眼皆为我有",所以,只需要进入博物馆,去看见,去体验,你便能轻松拥有这一切,世界上还有什么样的财富能比得上这些遗产的万分之一呢?

在写下这套书之前，我就无数次感受过这样的幸福，拥有了数不尽的财富，因为我走过大大小小数百家博物馆，与无数艺术珍品相遇。现在，我想通过这套书，把这些幸福和财富与你分享。

这套书涵盖了中国大部分省份的重要博物馆，介绍每个馆内独具代表性的文物，透过它们，我们可以看到各个地域的独特风情，如中原的庄严、楚地的浪漫、江南的灵秀、大漠的苍凉、岭南的活泼、草原的粗犷……这些文物往往也能代表一个时代生产力发展的极致水平。

在分册安排上，除故宫单列一册，其他省份按地域划片，分为五册。由于文物数量太多，对要介绍的文物实在是很费了一番取舍，基本原则就是尽可能多地覆盖时代、地域、门类、创作者和博物馆，尽可能选择我们更熟悉的文物，尽可能将具有代表性的重点文物讲透，以便读者能从一件文物上了解一类文物，了解当时的历史文化。

这套书是一个引子,引发你的好奇心,让你产生亲眼一见这些历史文物的冲动,并能为你提供一些知识辅助,让你的参观过程更加丰富有趣、收获满满。某一天,当你走进博物馆,与这些作品真正面对面时,你会怦然心动,产生一种久别重逢的熟悉感,那便是我最期待的事。

2020 年 4 月于北京西山

目录

原始社会	贺兰山岩画	001
西周	何尊	008
战国	对兽青铜环	017
战国	杜虎符	024
秦	秦始皇兵马俑	032
汉	马踏匈奴	046
汉	"五星出东方利中国"护臂	060
汉	彩绘木博戏俑	067
汉	铜奔马	079
汉	汉代瓦当	086
魏晋时期	驿使图	095
北魏	鹿王本生图	108
北周	独孤信印	119
唐	昭陵六骏	131

唐	螺钿花鸟纹平脱镜	144
唐	鎏金铁芯铜龙	156
唐	景云铜钟	165
唐	三彩腾空马	172
唐	马球图	180
唐	肚痛帖	191
唐	葡萄鸟纹银香囊	197
唐	伏羲女娲图	205
唐	花式点心	212
五代	耀州窑倒流壶	221
西夏	西夏王陵鎏金铜牛	228

原始社会

贺兰山岩画

一部无字的史前『巨著』

人类最早的绘画，是画在洞窟和岩壁上的，比如距今大约一万五千年的法国拉斯科 – 西班牙阿尔塔米拉洞窟壁画，虽然这是出自原始人之手的史前作品，但艺术水准却丝毫不逊色于当代大家。

史前岩画分布范围很广，现在全世界大约七十个国家都发现了史前岩画。我国自古就有关于岩画的记载，早在北魏时期，地理学家郦道元的《水经注》中就记述过多达二十余处的岩画，尤其提到贺兰山岩画："山石之上，自然有文，尽若虎马之状，粲然成著，类似图焉，故亦谓之画石山也。"

其实贺兰山岩画上实际的内容，比郦道元记述的老虎和马这些动物形象要丰富得多，当然也神秘得多。贺兰山岩画数量以万计，时间上从原始社会到春秋战国都有。

贺兰山是我国的著名山脉，在历史上也很有名气，这是由它特殊的地理位置决定的。

贺兰山位于宁夏和内蒙古交界处，在蒙古语中，贺兰的意思即为骏马，可想而知这里自古便是个骏马奔腾的优良牧场，也恰是游牧民族与农耕文明的分界

贺兰山岩画 | 003

人、山羊、射猎图（拓片），宁夏回族自治区博物馆

线。山的西面是游牧的乐园，山的东面则是农耕的沃土。而这两种文明的冲撞也成为历史上贺兰山一带的主调。

自从有历史记载以来，这里的战争就没有断过，游牧民族之间为了争夺这片宝地发生过无休无止的战争。这里的霸主换了又换，早先是强大的匈奴，后来有鲜卑、柔然、突厥、吐蕃、回纥、党项、蒙古、瓦剌、鞑靼等等，而中原汉族的政权一旦把贺兰山一带纳入版图，也会与这些北方民族直接交锋。冲突与调和、征服与溃败，与中原汉族的历史几乎相伴始终。能否有力地控制贺兰山，也就成为历代汉族政权实力的检验。

所以，历代诗词当中也就不乏提到贺兰山的句子，最知名的一句，自然是岳飞在《满江红》中的豪言："驾长车，踏破贺兰山缺。"

在这样一片宏阔而不乏苍凉的地方，处于文明原始阶段的人类所留下的绘画，会是什么样子呢？

大家最好奇的问题是：到底是些什么人，在什么样的时代，出于什么样的目的，花费如此大的气力在山岩上留下了这样的鸿篇巨制？

答案至今仍然扑朔迷离，我们只能从那些神秘稚拙的画面当中，来小心翼翼地寻找些许线索。

大场面、大制作的内容总是吸引人的，这里的大场面包含大量的狩猎、放牧内容。对于史前人类来说，获取食物是生活中首先要解决的问题。

战争也是大场面，为了争夺食物、地盘和资源，战争是不可避免的。在这样关乎自身生存的战争当中，有些力量比较弱的部落被消灭了。因此，画下这些场面的大概是获胜的部落了，这也不难理解为什么有些武士形象被画得勇武有力。原始人类一方面用这种特有的方式记录着自己的胜利，另一方面大概也是在祈求上天赐予自己力量吧。

对于史前人类来说，祭祀是生活当中一件最不能马虎的事，必须极尽虔诚，所有的画面当中与祭祀和崇拜相关的内容是最多的。除了祭祀场景，还有一类格外引人注目的就是类似人像的头像。

有些头像看上去是人的面目，但经过了强烈的夸张和变形，极有表现力。"太阳神"图案位于高处的石壁上，最吸引人的是两只圆睁的眼睛，神采奕奕，几道

贺兰山岩画"太阳神"
三千至一万年前

光从眼睛向外散射，直穿过头顶，在头顶周围形成了一圈光轮。他的两颊旁边有两道弧线，像是耳朵又像是手。鼻子和嘴也刻画得清晰生动，看上去颇有几分稚拙。

考古学家们认为，这个形象是太阳神一类的神祇。在人类许多不同地区的早期文明当中，对于太阳的崇拜是极为常见的。这种为大地带来光和热的神明对于原始人类意义重大，它是生命和光明的象征。所以，这种类似人面的形象在贺兰山岩画上并不少见。

有了太阳神的庇佑，部落看上去兴旺昌盛，他们在岩石上画下了首领的形象，画下了成群的牛羊，画下了男男女女；他们生活、娱乐、征战、繁衍；他们还没有发明出文字，但这些图案胜似文字，把原始人类的物质和精神世界，都记录在了贺兰山绵延的岩石上。

当初刻制这些图案的人们，或许是想让自己的世界像画上的那样，永生不灭吧。

为了让大家更方便地看到这些岩画，宁夏回族自治区博物馆收藏了一批刻有岩画的石块，在这里你便可以对这史前的巨著略作一窥了。

何尊

西周

「中国」二字最早的出处

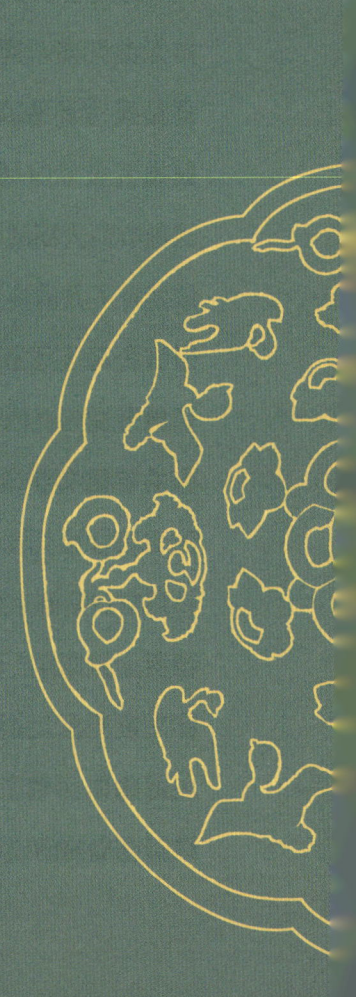

要说起来,"尊"字真是个好字,和它相关的词大多是自带威严和高贵,几乎找不到一个贬义词,可见它确实"尊贵"。

这个好字当然不是随随便便造出来的,尊原本是指一种装酒的青铜容器,也是古代祭祀仪式当中的重要器物,盛放的是献给祖先的美酒;在甲骨文当中,尊的字形就是双手高高捧着一个酒坛子的样子。

因此,相比于一般的容器,尊的地位也就相当高、相当霸气了。和"尊"沾了边的词也就自带光环起来。

不过,即使都是尊,但它们的尊贵程度也并不完全一样:尺寸大的就比尺寸小的更尊贵,雕饰精美的就比素朴简略的更尊贵,有铭文的比"文盲"更尊贵。经过这样一番量化比较,有一件尊一下子脱颖而出,它确实格外不同。

这就是何尊。

何尊是西周时代青铜器的代表性杰作。何尊的体形比较大,高 38.8 厘米,口径 28.8 厘米,重 14.6 公斤,整座尊身上布满了纹样。

尊的外壁从上到下有四道镂空的扉棱显得格外突兀，像是周身长着刺，让人不敢冒犯；尊口下沿向上生长的三角形纹样叫作蕉叶纹，再往下来就是一圈圈凌厉庄严的饕餮纹了，尊的中部和底面都分布着饕餮兽面浮雕，确实相当威严。

在商周时期，凭借这样的体量、造型和纹饰想要在众多青铜器当中独享尊荣，还是相当有难度的。但何尊却成为独一无二、备受世人瞩目的珍宝，它靠的不是我们一眼就能看得到的外观，而是靠它肚子里的"真货"，这就是铭文。

铭文在尊内底部，一共十二行122个字，内容是周成王营建都城以祭祀武王，周成王训诰一个名叫何的人，表彰他已故的父亲追随周文王有功，所以周成王特地对何进行了赏赐，为了纪念这件荣耀的事，何便制作了此尊。所以，这也正是何尊的得名。

这段铭文的内容可以说也并无什么特别之处，因为当时的大部分青铜器铭文都是这样的内容，无非是受到君主嘉赏，于是铸器铭文以兹纪念。

何尊的特别之处，只在一句话中："余其宅兹中或，自兹乂（yì）民。"准确地说，在两个字"中或"。

在当时，这个"或"字其实就是"国"字，"中或"也就是"中国"，这可是我们第一次在文字当中看到"中国"二字啊！

我们所在的这片国土被称为"中国"，意为居于世界中央的国度。追根溯源，原来早在何尊这里，便有了实实在在的文字记述啊！你看，年代如此久远，证据如此确凿，我们说出的"中国"二字，真有一种不容置疑的硬朗气度！

当然啦，虽然何尊上的"中国"和我们现在所说的"中国"所指并不完全一致，但它表示的居天下之中的意思是明确清晰的，这也是"中国"最基本、最核心的意思。

正因为沾了"中国"两个字的光，何尊才能在数量浩瀚的青铜器中脱颖而出，成为响当当的至尊国宝。

不过，何尊的至尊之路很是"艰险"，它曾经差一点儿就被无声无息地熔成一摊铜水。

何尊于1963年发现于陕西宝鸡一个农家的后院，因为下雨土崖坍塌，主人看到土崖中隐隐有光，于是

何尊
西周早期
陕西宝鸡青铜器博物院

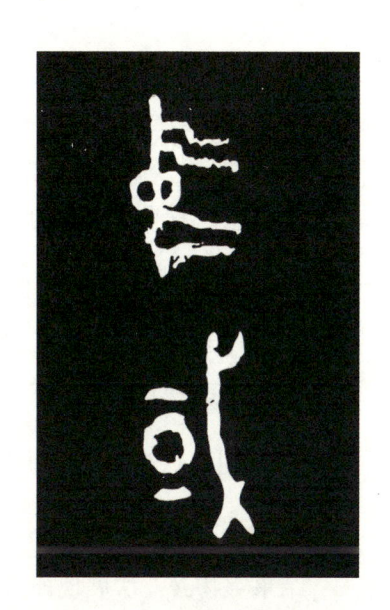

何尊内"中国"两个字的铭文

便刨出了它。看来，宝物的光辉确实是掩不住啊！

到了 1965 年，这家主人搬家，于是将它交给朋友保管。结果这个所谓的朋友相当靠不住，既有负好友之托，也实在没眼光，他竟然把何尊卖到了废品收购站。一般到了这个地方，青铜器的命运就是被熔为铜水回炉再造了。

结果宝物又一次展现神力。

陕西省宝鸡博物馆的一位馆员在废品收购站里发现了它。因为当时有许多废旧的青铜器、铜钱都被当废品回收，所以废品收购站也成了文博人员固定的淘宝地点，这一回命不该绝的何尊迎来了转机。

这位馆员怎么看怎么觉得它是个宝贝，于是赶紧上报到博物馆，馆长便带着研究人员前来确认。大家一致断定这是一件珍贵的器物，于是用三十元的价格收购了这件 14.6 公斤的青铜器，这比当时收废品的价格高不了多少。

后来经过认真研究鉴定，它的名字被确定，"中国"二字也浮出水面。

真是好险，要是何尊被毁，我们想要在文物上见到

"中国"二字，就还要等到很久以后了。

因为这两个字对于我们中国人来说实在是太有分量，让我们有一种名正言顺的笃定和从容，所以但凡出现这两个字的器物，也就格外被看重。

还有一件包含"中国"二字的物件，名气一点也不

义尊
西周
山西博物院

义尊的造型与何尊很相像。

比何尊逊色，这就是东汉的一块蜀锦护臂，护臂上的图案除了云气鸟兽日月星辰，还明明白白地绣着"五星出东方利中国"八个字。据考证这是一个占卜结果，是当时的中央王朝为了能够成功讨伐南羌而在观测天象后发下的誓愿，显得相当神异又吉祥。

现在，这两样器物同被确定为第一批禁止出境展出的文物，其珍贵和重要不言而喻。究其根本，正在其中包含的"中国"二字。

战国

对兽青铜环

这难道是古代的『方向盘套』？

但凡在考古活动中发现一件文物，考古学家们一定会想方设法搞清楚它的来龙去脉，尤其要搞清楚它当时的用途，否则连名字都不好确定。可是由于年代久远再加上地域差异，有些文物也着实让人摸不着头脑，最后只能根据大致的外观取个名字。不过，如果遇到那种造型格外奇特的文物，一个语焉不详的名字是无法满足人们的好奇心和求知欲的，比如这几件出土于新疆伊犁新源县的战国青铜环，迄今专家也没研究出它的用途，甚至连这环上的"兽"到底是什么也不能确定，这就更让人好奇了。

如果你第一眼看到它，我猜你会说：它看上去分明就是汽车方向盘的套子嘛！

确实太像了。

这件青铜环的直径和汽车方向盘差不多大，环体是中空的，内侧还有一条开口，看上去应该是用来包住什么东西的，只是由于年代久远，环内套的东西已经消失不见了，所以也就留下了一个空空的"套子"。

环圈上的接口处是两个相对的兽头，兽的眼睛很大，张大的鼻孔有些上翻，吻部也比较突出，看上去

对兽青铜环 | 019

对兽青铜环
战国
新疆维吾尔自治区博物馆

翼兽铜环
战国
新疆维吾尔自治区
博物馆

和老虎的形象很接近。不过，它的头部向后还有一道厚厚的棱，看上去既像是角，又很像是龙头上的鬣。这种鬣我们在红山碧玉龙的头后就看到过，因此也有人认为它们是龙。再加上这个兽头后面的环上有一圈圈密密排布的凸棱，看上去倒像是龙绵延起伏的身体，所以说它是龙好像也不违和。

同一墓葬出土的还有另外一件"方向盘套"，造型和这一件差不多，只不过接口处的动物"站"了起来，是一对翼兽。如果不看这对翼兽头上的一对角和身上的一双翅膀，它们几乎和马的形象没什么区别。马是新疆地区的人们熟悉得不能再熟悉的动物，依照它们的形象再加以想象是合情理的。

当然，这对翼兽即使是马，也是有神通的翼马，正要从这环上振翅腾空。它们身后的环上依然是凸棱环绕，或许是为了增大与所套之物之间的摩擦力？

不知是出于什么样的文化传统，这个战国墓地里出土的许多祭器上的动物形象都是成对的。这里还有一件方形的盘子，两只憨态可掬的小熊面对面站着，双手做抱拳作揖状，当年可能是用来插供物品的。

专家考证这都是当时塞人进行宗教祭祀活动的祭器。塞人是属于欧罗巴人种的游牧民族,据记载他们至少在四千多年前就已经到达了我国现在的新疆塔里木盆地周围。公元前七世纪末叶,塞人部落迁徙到伊犁河流域,这里水草丰美,成为塞人生息繁衍的重地。

不过,这里民族众多,各族之间不断争夺生存空间,争斗与交融并存,后来塞人被大月氏打败,迁至中亚地区。塞人的活动为东西方文化和物质的交流提供了有利的条件,新疆地区作为东西方文化的重要联

双熊对坐青铜祭盘
战国
新疆维吾尔自治区博物馆

结点,也就因此而受到了巨大的影响,甚至直到今天,新疆仍然可以找到塞人的后裔。

你一定很好奇他们究竟长什么样子吧?

这个墓葬里恰好出土了一件青铜武士像,鼻子比较高,这符合塞人的长相。这位武士头上戴着尖顶弯钩的宽檐帽,这是当时作为部落标志性服饰的一种毡帽。武士上身赤裸,显出了发达的肌肉。现在,他紧握的双拳里只留下了两个小洞,原本这里应该插着他的武器。他的神情和姿势都保持着高度的警惕,眼睛凝视前方,半蹲半跪,像是随时准备听从号令发起冲锋。或许这是出于游牧的习惯,必须随时保持警觉,随时准备行动吧。

在距离伊犁新源县千里之外的乌鲁木齐也出土过不少战国时期的器物,上面的动物装饰也是成对出现的。

这里出土的一件对虎纹带性金饰上,连老虎竟然也是成对的,不过俗话说"一山不容二虎",它们在一起自然少不了一番争斗。果然,这带形金饰上的两只猛虎怒目相对,它们都低低地伏着身子,爪子牢牢抓地,虎尾翘得老高,蓄势待发,从它们张得大大的嘴巴里,

对虎纹带形金饰
战国
新疆维吾尔自治区博物馆

似乎正喷出团团杀气。俗话说,两虎相斗,必有一伤,不知最后谁胜谁负。

再仔细看,两虎的背上还被锤揲出双翼,大概属于"飞天猛虎"。

北方草原民族擅长制作金饰,尤其喜爱以动物作为造型,猛虎正是他们塑造得最为传神的形象之一,常常被用作带钩、牌饰上的装饰图案。用如此凶猛的兽王形象来装饰日常佩饰,想来这些使用者一定是威猛强悍的勇士。

在古代,新疆本地确实是有老虎的,只可惜受到人类活动的影响,这种新疆虎最后一次被发现已是百年前了。1979年,在印度召开的保护老虎国际论坛正式宣布了新疆虎的灭绝。

战国

杜虎符

古代统帅的调兵符

说到古代战争，可能大家马上就会想象出千军万马沙场点兵、金鼓连天短兵相接的大场面。不过且慢，你有没有想过，想要调兵遣将奔赴战场，靠的是什么呢？

你一定会说靠的当然是统帅。这只说对了一半，其实还有一个关键的小物件，少了它，统帅也只是个光杆司令，根本调不动兵。

这个关键的"小物件"就是虎符。

虎符，顾名思义，就是老虎形状的兵符，听名字就很有威慑力，相当霸气。之所以用虎形，也是希望军队如老虎一般威不可挡。不过，虎符气势虽大，体量却真的很小。从现存的虎符来看，几乎没有超过10厘米的，统帅们一把就可以将它抓到手里，倒也是实实在在的"大权在握"了。

宋代以前，虎符是调动军队的重要凭证，军队是只认符不认人，所以说这虎符直接关乎国家命脉也毫不为过。既然是如此重要的物件，那么要设计虎符，第一要务就是全方位防伪，切不能被人伪造了去。

这方面我们就不用为古人操心了，他们想到了完备的防伪方案。

起初，虎符是铜制的中空结构，在制作的时候被一剖为两半，这两半还设计有子母口，也就是一半的口沿略大一点，另一半的略小一点，用于扣合。皇帝和军队的统帅各持一半。

虎符上还有错金的篆字，写明了虎符的用法和调兵的范围。

比如陕西历史博物馆的这件战国时代的杜虎符，上面的字是："兵甲之符。右才君，左才杜。凡兴士被甲，用兵五十人以上，必会君符，乃敢行之。燔燧之事，虽母会符，行殹。"

意思就是：这是调动军队的符。右半在君王手上，左半在杜地的军事长官手上。凡要调动军队五十人以上，杜地的左符就要与君王的右符会合，才能行军令。但遇有紧急情况，可以点燃烽火，不必会合君王的右符。

才五十人以上的军队就需要使用虎符，可见古代用兵可是一件极其重要的事。《孙子兵法》第一句就是："兵者，国之大事。"从这里也可得到一点特别的印证。

杜虎符 | 027

杜虎符
战国至秦
陕西历史博物馆

统帅征得皇帝同意调兵的时候,皇帝会派人把右半边虎符送到军队里,左右半边完美地扣合在一起,组成完整的虎符,才算是验明正身了。

所谓的"符合"一词,就是这么来的。

这虎符之所以叫"杜虎符",因为它是用来调集杜地军队的,像现存的阳陵虎符,就是用来调集阳陵地区军队的。

一个虎符严格对应一个地方的军队,军队所在地虎符上会写明,比如阳陵虎符上就写着"甲兵之符,右才皇帝,左才阳陵",绝对不可能出现一个虎符可以同时调集两个地方军队的情况。古代君主对军队的掌控可见是极其严格的。

我倒是很纳闷,全国军队这么多,皇帝得收着多少右半边的虎符啊!

不过,虎符如此重要,它的防伪技术仅仅依靠子母口也显得太简单了一点。因为虎符是左右对称的,所以统帅如果拿着自己手上的一半,往往就可以推测出皇帝那一半的样子了。

古人自然也想到了这一点,所以后来在虎符中缝的地方也铸刻有特别的文字，这些字的某些笔画还会有一些特别的设计，没见过真品是绝对猜不出来的。还有些虎符中间加上了锁扣式的设计，这就更难伪造了。而且在古代，伪造虎符是诛九族的大罪，一般统帅可真犯不上去冒这么大的风险。

设计如此严苛的用兵制度，说到底就是皇帝怕他的军队不听话，反过来打他。不过反观历史，各朝代真要想拥兵犯上的，哪里又用得着虎符呢？

所以种种情况都排除以后，历史上倒真没听说过伪造虎符的事。

虽然没有伪造，但并不代表用兵都是皇帝同意的。如果遇到皇帝不同意的情况，还有一个办法，那就是"偷"！

战国时期有一个著名的故事，信陵君窃符救赵，整个故事就是一次完美展现虎符权威性的经典案例。

事情发生在公元前258年，也就是战国末期，秦国吞并六国的步子迈得很快，战事很紧张。

公元前260年，秦国长平之战大破赵军，坑杀降卒四十万。公元前257年，赵国首都邯郸被秦军围困，危在旦夕。

赵国所在的位置相当于现在的河北省南部、河南省北部、山西省中部和陕西省东北一隅，南面就是魏国，所以赵国如果不保，韩、魏就是秦国下一步消灭的对象。

慑于秦国兵威，诸侯国都不敢妄动救赵，但赵国与魏国既是近邻又是姻亲（魏王的姐姐嫁给了赵王），所以赵国就向魏国打了亲情牌。

魏王于是发兵救赵，但秦王这时候发了话，谁救赵国就打谁，魏王畏惧，只好又急命收兵。走投无路的赵王于是偷偷派使者找到魏王的异母弟弟信陵君求救。信陵君深知其中利害，所以决定拼死相救，但无奈自己没有虎符调不得军队，只好冒险盗取虎符发兵。

刚刚说过，虎符由君王亲自保管，魏王的虎符更是放在他的卧室，一般人根本无缘靠近，所以信陵君求助了魏王的宠姬盗得虎符。

到了军中，统帅虽然看到了虎符但心中起疑，于是被信陵君所带的勇士一锤击杀，信陵君自己亲率精兵攻秦，大获全胜。

不过，信陵君虽然大智大勇，一举解了赵国之围和魏国之危，但到底盗虎符是大罪，所以他把军队和虎符都交给了魏国的将军带回了家，至于他自己，便这样待在了赵国，十多年都没敢回去。

虎符从战国秦汉一直到魏晋南北朝都沿用不衰，到了隋代却被改成了麒麟形状，唐代为了避唐高祖李渊的祖父李虎之讳，更将它的形状改成了鱼符、兔符或龟符。

再后来，兵符慢慢就被令牌取代了。

现在流传下来的虎符并不多，大多为铜质，也有以金、玉为材质的，制作都很精良。尤其是铜错金字的，历经两千年仍然粲然有光。

不过，它毕竟是一个与战争和杀戮有关的东西，即便设计得再巧妙、再漂亮，也是少用为妙了。

还是《孙子兵法》里说得好："不战而屈人之兵，善之善者也。"

秦

秦始皇兵马俑

把战斗力带到另一个世界

不论中西，古代的人们对自己身死后的世界都充满着好奇，于是产生了各种各样的猜测和幻想。有些文化中，那个世界是妖魔横行的深渊，人类身陷其中，要忍受无边无际的痛苦，比起阳光下的世界，那里便是个恐怖狰狞的深渊，让人不寒而栗；有些文化反其道而行，他们想象中的来世像是奇绝瑰丽的幻境，在那里，不再有生老病死的苦痛，倒是让不少在现世的痛苦中挣扎的人充满了向往。

不过，说起来我们的古人，态度似乎更加务实一些，他们既不怀着恐惧，也不饱含向往，他们大概觉得由生到死，灵魂并没有寂灭，那不过是人换了一个地方，再过同样的生活，甚至连同那个世界的秩序也与这个世界并没有两样，也就是所谓的"事死如生"。

也正是如此，他们才会在自己的有生之年便按照眼前的样子为来世做着准备，帝王陵寝尤其如此。许多帝王登基后的头等大事，便是想着自己身后的归处，大兴土木修建王陵便成了整个帝国的重中之重。

所有的帝王陵当中最威风、最宏阔的，便是秦始皇陵了。

像秦始皇这样雄风浩荡、威震海内的皇帝,最看重的无非是武力。因为他在现世世界里靠武力使九州披靡、四夷宾服,站在了当时世界的顶点,所以为了让辉煌永续,让他的帝国万世不竭,他还要带着他的军队杀到另一个世界,甚至在那里,也开创出同样的疆域来。

正是这样,才有了我们眼前的兵马俑。

这里的千军万马早已在两千多年前就集结完毕。他们站得笔直,高昂着头颅,紧闭着双唇,眉头虽然略微紧锁,眼神却坚忍平静。

这是这些身经百战的壮士特有的表情。

他们不知道另一个世界的敌人,是不是远比自己在现世遇到过的还要凶残,所以必须严阵以待。不过,他们早已看过了无数回生死,也早已下定了青山埋骨、马革裹尸的决心,于是从容上阵,兵来将挡。

不过,此时的他们静默无语,整装待发,只等最后冲锋的号令了。

没想到冲锋的号角迟迟不响,他们站成了一尊尊

秦始皇兵马俑
秦
秦始皇帝陵博物院

雕塑。

你仔细看这些战士的手,都握成了空拳,有些人还半蹲着,双手放在身体的一侧,姿势看起来很怪异。这不是他们在进行什么奇怪的仪式,或者有意做出什么奇怪的动作,而是因为岁月侵蚀了他们手中的武器。

那些站着的兵士大多是手持长矛的步兵,半蹲着的则是跪射的弓箭手,两千年前竹木制作的兵器早已朽烂化作尘土,所以只留下了空握的拳头。还有些士兵站在马前,他们手中牵着的缰绳此刻也早已腐烂。

要分辨步兵和骑兵,除了马这个显见的"道具",还有一个格外清晰的特征。步兵们都梳着高高的髻,而骑兵则头顶平平,仔细看,他们都在头上箍着一种名为皮弁(biàn)的帽子,头发被紧紧地束在里面,这正是为了骑马战斗的方便。还有一些是军吏俑、将军俑,服饰装束各有区别,尤其是将军俑,他们头上戴的冠、身披的袍甲都比普通士兵的更加隆重。

秦始皇为了让他的兵马在另一个世界里也保持着严整的编制和旺盛的战斗力,连细节都与现实中的一模一样,没有半点马虎。

这些兵马俑自从两千多年前烧制出窑以后，便被运到了这个巨大的陵墓群中，俑人的头、四肢和身体是分开单独烧制，然后再拼装起来的。这些俑人自从被拼好以后，便一直站在这里没有动过，连队形都保持得很好。

兵马俑的局部色彩

最初制作完成的兵马俑都是色彩明艳的，脸上涂着深肉红的颜色，盔甲也泛着幽幽的蓝光，连缀甲片的布绳也红得耀眼。只可惜这些色彩太过脆弱，发掘的时候只在空气中暴露了几秒便被氧化而消失殆尽，只留下了我们现在看到的一片灰土的颜色。

后来考古的保护措施和技术逐步完备，有些兵马俑还未褪尽的色彩被固定下来，我们才能在他们身体的

跪射俑

将军俑

缝隙里，依稀看到曾经的明艳。

说到这些俑，还有一点值得一说。

这样排山倒海气势如虹的雕塑杰作，竟然能够做到每一件都不雷同，做到了真正的千人千面，甚至各有性格、各有表情，除了魁梧的体格和写实的面容，有的俑还被表现出匀停而精准的肌肉，实在不能不说是一件值得称道的奇事。

要知道，在此之前以及之后的许多年，我们的雕塑作品中都再没有这样写实、这样细腻的作品产生。兵马俑像是突然受到某种启示般地横空出世，但在完成这一批旷世之作后，再没出现同类艺术风格的作品。所以这也就引发了学界至今争议不休的问题：秦兵马俑究竟是何人所作？究竟是不是出自我们中国人之手？

因为它实在是我们艺术史上的孤例，所以总是不断引发技法"西来"的怀疑和探究。研究者从许多史料上考证，当年的亚历山大大帝东征，便将希腊人的雕塑技艺带到了东方，当然其间还通过了波斯帝国的传输和影响。

现代科学还通过对工匠骨骸的 DNA 检验，发现参与制作兵马俑的工匠并不只有我们中国人。

再来看兵马俑这样高大的身形、独具表现力的神情乃至写实的肌肉塑造，似乎和遥远的西方写实性雕塑具有某种隐隐的关联。但我们丝毫不用怀疑兵马俑是我们土生土长的作品，它之所以能够如此写实，也因为秦朝国都咸阳当时的地理位置，它作为中国与西方交流融合的前站，工匠们吸纳外来的技术也就更加便利。

广泛吸纳，乐于尝试，本来就是中华民族的性格，所以兵马俑作为中国艺术史上的"另类"和"意外"，倒恰好证明了我们的开放和包容。

在秦代之后不久，一条贯通东西的大道便要从这里延伸，这就是丝绸之路。我们还将在更多的艺术作品当中看到更特别、更稀奇的东西。

中国艺术史上有一个突出的特点，越是强大的朝代，文化的包容性越强，艺术作品中的异域情调也就越多，比如唐代艺术中鲜明的胡风。

现在，我们发掘的兵马俑坑共有三个，每个坑的兵种各不相同，排兵布阵的方式也不一样，真是协同作战训练有素的集团军。

一号坑以步兵部队为主，阵形是最朴实的长方形，前后绵延230余米，每一个坑道内士兵四人一排，各执武器向前挺进，最前面还有三排士兵，一字排开宽达60余米。作为打头阵的先锋，他们显得有些单薄，但这些士兵脸上丝毫没有惧色，大概因为后面的军阵足以壮胆吧。

我猜，当年的秦国铁军横扫六国，大概采用的正是这样质朴实用的阵式。铺天盖地、密不透风的队伍加上震耳欲聋的喊杀声，足令天地为之变色。

二号坑的人马少一些，但战斗力却似乎还要更强一点。这是由骑兵、弩兵、战车组成的混合编队，它们呈曲尺形分布，算是特种部队，应该是执行特殊的任务的。真可惜我没有熟读古代兵法，参不透这样的排兵布阵里有什么样的玄机。

当然，三号坑里的指挥部，肯定是深谙用兵之道的，这里的布局像是一个"凹"字形，面积比起前两个坑小了不少，兵士的装束、武器等也都与前面两个坑里的不同，从残留的武器来看，它们更像是仪仗器而不是用于实战的兵器。

坑内的一个小室中还发现了鹿角、兽骨等遗骸，很可能是战前进行占卜或者祝祷仪式的区域。这里被认为是统帅的军帐。如果遇到了重大的战役需要御驾亲征，那么这里应该就是秦始皇本人的大帐了，只不过在建造兵马俑坑的时候，皇帝还在世，他并没有在这里为自己留下位置。

秦始皇为自己修造的墓室，是另一处辉煌的所在。

秦始皇真正长眠的地方在陵墓下的地宫里，离他的兵马车仗还有一段不短的距离。根据《史记》中的记载，他的地下墓室以水银为百川江河大海，这样的奇想除了体现他包举宇内的大气魄，也巧妙利用了水银的防腐功能，其剧毒还可以有效地阻挡盗墓者来打搅他的安宁。不过，秦始皇相信自己的魂魄在另一个世界里醒来的时候，是不会受水银的汞毒侵害的。

在秦始皇的坟丘西侧，有两座四马拉的铜车马，大概是他特意设计的座驾，供他往来于自己的宫殿和军队之间。

他想得很周到，两辆车的功能各不相同。一辆车为战车，只能供人站立，车上有圆形的巨大铜伞，烘托了统帅的威严。

　　另一辆车则是安车，也就是供人乘坐的车，所以有封闭式的车厢，车厢前后两室之间还有窗子通风。安车上有椭圆形的车盖，车身布满彩绘，当然也足以体

铜车马
秦
秦始皇帝陵博物院

现主人的显赫。

两车由黄金、白银和青铜所造，体量之大也创下了古代铜车马之最。

汉

马踏匈奴

一座少年英雄的巍巍陵墓

现在有一个用来形容青年男子的流行词，叫作"少年气"，大概算得上是对这个人极高的赞美。

少年气，在我理解里大致是这样的：他们没有受到环境过分的雕琢，所以内心既浑朴坚定又有些棱角；他们也没有受过世俗过分的浸染，所以他们的神情是清明澄澈的，周身仿佛散发着光。他们迎面走来，会让你想起星辰和云天，胸中便生起浪涛和海洋。

有这样的人吗？

汉代的霍去病，算得上是这么一位，也是我们特别熟悉的一位！

十七岁，霍去病就被汉武帝任命为官阶仅次于将军的骠姚校尉，随着他的舅舅大将军卫青在漠南追击匈奴。或许有人认为霍去病这是沾了自己舅舅的光，不过这可是带兵杀敌，血拼疆场的"苦活儿"，不仅关系到自己的生死，还关乎军队数万兵将的命运乃至国家的安全，这样的"光"，可不是什么人都敢沾的。

也有人觉得汉武帝过于随意，任人唯亲。但算一算，当年的武帝也不过是个三十三岁的青年，这一切，大概也就很能说得通了吧。

热血的人，自然更信任热血的人。

当然，这位少年不负重任，一战成名。他亲率八百轻骑奔袭数百里，斩杀敌军 2028 人，其中包括匈奴单于的祖父，还俘获了单于的叔父。

说实话，霍去病的这场胜利也十分让人捏一把汗。这种孤军深入的打法虽然激情四射、十分酷炫，但实在是悬得很，稍有不慎别说全军覆灭，搞不好在大漠里还会尸骨无存。

除了强悍的实力和必胜的信心，运气也十分重要。

或许到底是少年的热血无畏打动了老天吧，霍去病的运气出奇地好，出其不意突击了匈奴。这场突袭行云流水，完全不像是军事行动，倒像是漂亮完美的艺术品！

凯旋还朝的他，被汉武帝封为冠军侯。

冠军侯，光听这个封号就叫人觉得痛快！

老天也偏爱少年啊！

这只是少年的初次亮相，他的辉煌还在后面。

再一次亮相，是两年以后了，这时的他十九岁，年纪大了一点，身份高了一点，肩上的担子也就更重了一点。

这一次，霍去病的部下多了许多，是精骑一万人，从陇西出发深入匈奴境内千余里。

上次八百轻骑属于"奇兵",这次一万人马则是正规的大兵团作战。带领不同规模的军队,实现不同的作战目标,在战略战术上都会有很大区别。不过,霍去病实在是天生的统帅,指挥起这样的大部队来也同样得心应手。

这位军事天才具有非同一般的激情和想象力,他带领这一万精锐在茫茫大漠里穿插迂回,六天之内转战五国,纵横来去,攻破了河西的五个部落,又绕开单于的正面防御工事,疾驰一千多里直接杀到了匈奴二王的面前。

少年将军率领这一众天降神兵与匈奴正面血战,以少打多,以劳战逸,这一战打得辛苦,打得惨烈。最后汉军力斩卢侯、折兰二王及近九千敌军,俘虏浑邪王子等匈奴贵族高官及三万匈奴兵士。

不过,这一战霍去病的队伍损失也相当惨重,班师回朝时,一万人的队伍只剩下不到三成。

但是这一切,都很值得。匈奴领教了汉军神威,而朝内对霍去病的猜疑和担忧,也随着他的赫赫战功一扫而空。这一场胜利,大家等得好久啊!

同年,他再领孤军直下祁连。如果说前面让人捏一把汗的孤军深入侥幸取胜是老天对少年霍去病的格外眷顾,现在,这样的运兵方式已经成为了他的风格,没有人敢这样,除了他。

这一役同样留下一连串赫然醒目的数字:斩首30200人,俘获匈奴五王、王母、单于阏氏(yān zhī,也就是单于的妻子)、王子59人,相国、将军、当户、都尉63人。

匈奴人的歌声,都变得这样悲凉了:"亡我祁连山,使我六畜不蕃息;失我燕支山,使我嫁妇无颜色。"

匈奴最厉害的浑邪、休屠二王也向大汉请降,前去受降的正是霍去病。终于,要和这个噩梦般的对手近距离面对面了,不知看到这个二十岁的少年,匈奴王们心中是何等滋味。

这一战过后,河西的战火硝烟终得平定,汉武帝在此设立了河西四郡:武威、张掖、酒泉、敦煌,一路向西延伸。

武威,即为大汉帝国的"武功军威"。

张掖，即为"断匈奴之臂，张中国之掖"。

酒泉，其得名更是浪漫雄豪。当年霍去病带兵行至此处，得武帝赠御酒一坛，犒赏将士。霍去病不愿独享这份荣耀，可是酒少人多，他便将美酒倾于一泉之内，再与三军共饮这沾了酒香的泉水，此地于是得名酒泉。现在将这个名字读来，似乎犹能闻到当年那一缕酒香。

这是他的性格，像大漠的滚滚风烟，任气，恣肆，狂放不羁。

不仅如此，霍去病因为大破匈奴战功卓著，汉武帝要为他建一座宅子用以嘉勉，霍去病却坚持不受，于是便说出他那句著名的话："匈奴未灭，何以家为。"这也是只有他才说得出的豪言啊。

酒泉现在成了我国的卫星发射中心之一，选择这里固然因为此地荒芜偏远，但毕竟这里还弥漫着曾经的那一股冲天的英雄气，所以卫星升空的时候也带有别样的浪漫了。当然，这只是我的一点异想天开的附会。不过，和日月星辰、天空宇宙有关的事，本来就是极其浪漫的啊。

积累了战斗经验，积累了信心，积累了精兵和粮草，毕其功于一役的最后一战，只等那一声号令了。

这一次，汉武帝要一次性解决问题。从春秋战国时期就开始困扰中原的强敌匈奴，很快将会遭遇前所未有的重创。匈奴这时还不知道，这位皇帝想要的，是中原汉族西北边境永久的安宁。

而这个天神一般闪闪发光的少年，是他最锐利的武器。

公元前119年，决战的一刻来了。

霍去病还不满二十二岁，披上坚甲、跨上战马的那一刻，他一定是兴奋的。他的人生巅峰，即将到来。

这一战，会令他永载史册。他应该想得到吧。

这一次，汉军需要深入漠北腹地找到敌人的藏身之地，然后将他们悉数歼灭，永绝后患。

这是汉代规模最大的一次远征，双方都得拼尽全力，不敢丝毫懈怠。

大汉调集十万骑兵，随军战马十四万匹，步兵辎重几十万人，这是倾其所有的打法了。

这一次，霍去病和舅舅卫青分两路进军，各领五万雄兵，不达目的誓不回朝。

命运似乎有意和他开玩笑，情报似乎是出了什么差错，加上大漠地势复杂，战争情况瞬息万变，原本负责力战单于的霍去病一部竟然鬼使神差地错过了敌人。于是双方任务被老天不知不觉地调换了，卫青部遭遇了单于主力，而匈奴左贤王部众则着实可怜，遇上了憋着满腔怒火无从发泄的霍去病。

不用说了，这支神兵所向披靡，杀敌七万之众，而己方损失不过万余，匈奴溃不成军一路向西北逃散。霍去病率部追击匈奴直达翰海方才回头，据考证这是现在东西伯利亚南部贝加尔湖一带，这里距离长安已经超过了三千公里！

在乘胜追杀的途中，霍军至狼居胥山，举行了祭天的封礼，这便是史上著名的"封狼居胥"；又过姑衍山，举行了祭地的禅礼。这两个地方，都在今天的蒙古国境内。

在祭坛上的那一刻，手举酒杯站在高高的祭坛上，红披风在大漠的朔风里猎猎飘荡，大漠风尘、黄云白日，成了最壮美激扬的背景。

此后的数十年，汉代的边境终于安静了下来。

霍去病进入了历史，成了文学和典故里的人。

历代写霍去病的诗句很多，李白和杜甫都曾不吝笔墨多次描述。不过我们现在特别熟悉的一句著名的诗，由于没有描写霍去病，我每每读来总是有一点耿耿于怀，那便是"但使龙城飞将在，不教胡马度阴山"，出自王昌龄被誉为"七绝压卷之作"的《出塞》。

这一句是诗人赞美飞将军李广的，他是霍去病的同时代人，战功卓著却一直没有被封侯。所以在历史上，李广的"标签"除了英武善战，更多的还有时运不济、年老难封，提到他，不少文人总是会带着一点失意的憾与恨。

我不禁会想，这样荡气回肠的边塞诗句要是放在少年意气、马蹄踏沙的霍去病身上，那种纵横捭阖、排山倒海的气势，岂不显得更热烈更雄壮？

大司马骠骑将军、冠军侯，你看，连霍去病受封的官名，都是如此地极致。鲜花着锦，烈火烹油，一切都显得毫无保留，绚烂至极！

甚至连他的死，都这么突然，有如晴空霹雳一般，轰然倒地，只有二十四岁，甚至连原因都找不出来。

也因为这样快、这样早，霍去病也保留了永恒的青春。

汉武帝对霍去病的离世极为悲恸，他让霍去病长眠在茂陵，这个他自己未来的长眠之地，还从边境五郡调遣了铁甲军，从长安列阵直达茂陵，连安葬霍去病的坟墓外形，都力求模仿祁连山的样子，好让这个少年在自己熟悉的地方，永远不朽。

因此，霍去病的墓冢丧葬仪制十分隆重，配有许多

1914年法国人拍的霍去病墓

大型石雕，这些石雕也成为中国雕塑史上最值得称道的作品。

　　这些石雕大多是根据石头原本的天然样貌和外形，设计出马、牛、虎、野猪、鱼等动物的形态。但这些雕塑并不在细节上下功夫，而是有意保留了石材浑朴自然的外观，带着一种天真的稚气和拙气，浑然天成。这正是墓主人的气质。

　　我们最熟悉的一件是《马踏匈奴》。

　　马四蹄立得稳稳的，轩昂又沉静，它蹄下的匈奴仰面朝天，奋力挣扎却无力脱身。马的四蹄并没有雕透镂空，巨大的花岗岩块面显出别样的雄浑豪迈，可想这马儿的主人，该有何等的神威。

　　为了表现陵墓主人曾经历过的征战之险，这里还有野人、人与熊缠斗的石雕，显得奇异凶悍。其实当年塞外漠北无论是环境还是敌人，都比这些石雕凿刻出的形象凶险得多啊！

　　霍去病墓石雕群中马的形象比较多，有跃马、卧马等，虽然造型很简略很概括，神态却生机勃勃。这些巨大的石块中，饱藏着一团熊熊的生机，在这个形似

马踏匈奴 | 057

马踏匈奴
西汉
陕西茂陵博物馆霍去病墓

跃马

卧马

祁连山的墓冢周围，仍然保持着当年的气势。

它们大概还在等待那熟悉的号令吧，这一等，就是两千多年。

我们的民族也是期待和珍惜少年的，我们就有许多以"少年"命名的词曲诗篇，比如乐府《少年行》、词牌《少年游》。

我特别喜欢王维的四首《少年行》。

> 新丰美酒斗十千，咸阳游侠多少年。相逢意气为君饮，系马高楼垂柳边。
>
> 出身仕汉羽林郎，初随骠骑战渔阳。孰知不向边庭苦，纵死犹闻侠骨香。
>
> 一身能擘两雕弧，虏骑千重只似无。偏坐金鞍调白羽，纷纷射杀五单于。
>
> 汉家君臣欢宴终，高议云台论战功。天子临轩赐侯印，将军佩出明光宫。

这样的少年气，在我们的民族里，应该是千古不灭的。

汉"五星出东方利中国"护臂

最威武霸气的文物

在古代小说或者古装影视作品中，我们经常会遇到这样的情节，古人遇到大事往往会"夜观天象"，然后根据天象做出决策，尤其在用兵打仗之前，这个仪式更是必不可少。

实际上，中国古人确实十分重视天象，历代都设有专门掌管观测天象、推算历法的中央机构。

在古人看来，老天会对人类生活的方方面面进行启示，尤其是事关年成丰歉、王位安危、战争胜负等国之大计，"天"更会发出些特别的提示。而天象就是老天预示吉凶祸福的密码，只有听懂了，才能顺天而为，趋利避害。

古人为了更好地观测天象，把星空划分成若干小区域，一个区域对应一个"星官"，其中尤其受关注的是所谓三垣（紫微垣、太微垣、天市垣）、五星、二十八宿等。

在古人的意识里，当这些星象显现出不同寻常的特殊形态时，一般也就预示着将会有大事发生。

比如曾有学者考证，在汉宣帝神爵元年，就出现过一次天象奇观。

这一次,太白、岁星、辰星、荧惑、镇星五颗大星,也就是我们现在所说的金星、木星、水星、火星、土星一下子在日出之前全都出现在东方。这是老天要向我们传达什么信号呢?

古人为了准确地翻译天象,早就归纳整理出了一套相应的解码表。

所以这个天象被解为:"五星分天之中。积于东方,中国大利。积于西方,夷狄用兵者利。"

中国,即中央之国,也就是我们的中原华夏,可见这次五星出东方对我们来说,是个大吉兆。

这么难得的好兆头,不干点大事不仅太浪费,连老天都会不高兴。正所谓"天予弗取,必得其咎",于是汉宣帝决定出兵征讨南羌。

在公元前62年左右,本就各有仇怨的羌人开始出现联合的迹象,而且他们不听汉朝郡县的号令向北迁移,边境其他民族包括匈奴也开始蠢蠢欲动,对汉朝形成了威胁。第二年,也就是天降吉兆的这一年,汉朝七十六岁的老将赵充国请兵出征。

这一次征讨,除了开始小规模的战役以外,羌人大部主动归降。不战而屈人之兵,这自然是用兵最好的结果。

这场顺应天时的大胜利,当然怎么隆重地记录也不为过。于是有学者认为,当时的中原汉族中央政府便特别设计了一种蜀锦,不仅为了纪念,也为了祈祝中国长久吉祥。

此锦由青、赤、黄、白、绿五色构成,既对应五行,也与"五星"对应;图案由祥云铺就,其间有红白圆圈,代表日月,云间穿行着凤、鸾、麒麟、白虎等瑞兽,满幅祥瑞,神异非常。

最新奇特别之处,在于锦上还织有十一个字——"五星出东方利中国讨南羌"。

当时究竟织了多少匹这样的蜀锦已无从考证了,好在其中有一小片被赐予了汉代西域三十六国之一的精绝古国,所以意外地留存下来。

这个精绝古国位于有着"死亡之海"之称的塔克拉玛干沙漠腹地,当年这里有一片难得的绿洲,于是便慢慢发展成一处有官有民、有兵有将的丝路要塞。

到了公元四世纪左右,精绝古国被掩埋于历史的尘

"五星出东方利中国"护臂
汉晋
新疆维吾尔自治区博物馆

埃之下，成为历史书中一个遥远陌生的名字。

到了1901年，英国探险家斯坦因在我国新疆地区考察，发现了漫漫黄沙之下的古代尼雅遗迹。这个曾经在历史上绽放华光的神秘古国，便慢慢向世人展露真容。

差不多又过了将近一百年，1995年，中日两国考古队员对尼雅遗址进行了大规模的考古发掘，发现了精绝古国的王室墓地。在墓中，考古学家们发现了其中一位墓主人的右臂上，有一块色彩艳丽、图案奇异的织锦，它被包镶了边，做成了护臂的样子。

这块长18.5厘米、宽12.5厘米的织锦护臂上清清楚楚地穿插着八个字——五星出东方利中国！

在它旁边，还发现了一小块极为残破的织锦碎片，上面有三个字，但却极为醒目——讨南羌。

经过比对，它们原出自同一块蜀锦。连起来，正是"五星出东方利中国讨南羌"。

不过，目前并没有确凿的证据表明汉宣帝时期织造了这样的蜀锦，更不能确定织锦上记载的这件大事到底发生在何时，所以许多疑问还需要通过更多的研究去发现。

当然，不管这件大事是发生在何时何地，这句话都不仅是吉祥，更称得上霸气了。

新疆地区气候干燥，适宜保存织锦一类的纺织品，所以这里还陆续发现过不少带有文字的汉代织锦，上面织造的文字无一例外，都是美好又直接的愿望，比如"千秋万岁宜子孙""望四海贵富寿为国庆"等等。

"延年益寿大宜子孙"锦鸡鸣枕
东汉
新疆维吾尔自治区博物馆

汉

彩绘木博戏俑

古代风行一时的游戏

我一直很好奇,古人在闲暇的时候都玩些什么样的游戏呢?毕竟,琴、棋、书、画都是雅趣,门槛太高,只有少部分极富修养的文人才玩得起来,一定不会是大众娱乐。而且,即使是文人之间也肯定不会只限于这些休闲娱乐方式,因为这些活动都太安静了,冷冷清清的一点都不热闹。所以我敢肯定,一定会有更接地气、更热火朝天的娱乐方式。

看到这件彩绘木博戏俑,我的疑惑就有了答案。

这是一件西汉的木制彩绘俑,两位老者正在聚精会神地盯着眼前的棋盘,手上还伴有姿势,看上去倒还很斯文,不过从他们专注的神情中可以看出,对于胜负两位还是相当在意的。

再细看他们面前的博局,也就是棋盘,可以清晰地辨认出他们在玩的正是当时最流行的博戏,名为"六博"。

这是一种掷采行棋的游戏,因使用六根博箸,所以被称为"六博"。

有学者考证出六博大概的玩法:棋盘被纵横拐角的线(西方人看这些线类似字母TLV,所以后来把铜镜上

彩绘木博戏俑
汉
甘肃省博物馆

面的六博纹直接称为 TLV 纹）分为十二道，两头当中名为"水"，水中放入两枚"鱼"，以及双方各自的六枚棋子。游戏开始后，双方轮流掷"琼"（也就是骰子的前身）行棋，走到某些地方就可以吃掉鱼，也可以吃掉对方的棋子，从而获得博筹，先赢得六根博筹的为胜。

六博的规则听上去似乎并不繁难，毕竟，如果太难了就没人会玩,这个游戏也就无法风靡全国了。不过仔细看看纵横交错的棋盘,想要获胜还是很需要费些脑筋吧。

这种游戏起源很早,据说商代便有了雏形,文献中记载的最早的两个"爱好者",就是商王武乙和周穆王。到了春秋战国时期,六博就已经极为流行了。据记载,当时齐国的临淄因为富裕,大家的娱乐生活也就很丰富,弹琴击筑、斗鸡走狗、六博蹋鞠,真是一派欢腾。

到了秦汉时期,六博更成为上到天子百官,下到平民百姓都极其热衷的全民游戏。一些人不仅爱玩,而且有些人还专以博戏为业,人称"博徒"。

到了汉武帝时,出现了一位传奇人物,名叫许博昌,他因玩六博在当时名扬全国。当然,出名不仅因为他把六博玩得炉火纯青,更重要的是他会总结经验,据说这个许博昌编出了一套六博口诀,在长安一带脍炙人口,连孩子都能熟背。

这还不算,这位高手还把这种游戏的玩法上升到理论高度,写了一篇《太博经》,到东晋的时候还在流传。

娱乐游戏丰富生活，但沉溺其中却会引发危害，古今中外都是如此。太过投入六博的人也一样，输了钱荒了田还是小事，西汉早年还发生过因为玩六博太过投入引发的一场大血案，汉代的历史差点儿因此改写——

汉景帝刘启还是太子的时候，有一次和吴王刘濞的太子刘贤玩六博。结果两个人玩得太认真，就争执起来，刘贤因为言辞不太恭敬，刘启激愤之下提起棋盘就砸向刘贤，结果失手把他砸死了。

作为父亲的吴王刘濞当然是既伤心又愤怒，但对方是太子，吴王也没有办法，只能生闷气，并且以称病

马王堆汉墓出土的博具
西汉
湖南省博物馆

不上京朝见的方式表达自己的愤怒。结果皇帝得知他并没有真的生病，便扣押了吴王的侍从。恐惧让吴王产生了反叛之心。虽然不能绝对地把这场六博的意外和吴王的叛乱联系在一起，但这至少是一个极为重要的催生因素。

后来的七国之乱吴王正是领头人之一。

这个教训真是够大的了。

所以甘肃省博物馆的这件木博戏俑塑造的情绪如此平和，或许表现的还不是六博到了高潮的一幕。

在河南出土的陶制六博俑以及东汉的画像石上，六博场面更多地表现为一人高举双手，身体夸张地前倾，另一人则双手摊平前伸，动作显得激动了许多。

画像石上不仅有凡人开局作博戏的图像，更有神人对战的场景，紧张激烈处对战双方更是手舞足蹈，很有感染力，让我们观众都恨不得加入一战了。

大概当时六博游戏太过流行，以至于许多人玩物丧志，于是便自然产生了"劝赌歌"。

敦煌写本里就有《孔子项托相问书》，其中有一段就是借假小朋友项托来劝诫世人不要过分沉迷于博戏。

文本很有意思，朗朗上口，当时应该也是广为流传的，流行程度应该比那个六博口诀更高，敦煌还有藏文写本。

有一天，孔子遇到小朋友项托，便邀他一起来玩双陆，结果小朋友一本正经地拒绝了，他说："吾不博戏也。天子好博，风雨无期；诸侯好博，国事不治；吏人好博，文案稽迟；农人好博，耕种失时；学生好博，忘读书诗；小儿好博，笞挞及之。此是无益之事，何用学之！"

你看，小小的项托把沉溺博戏的危害说得清清楚楚，上自帝王下至小儿，一个都逃不掉。帝王荒废基业，百姓影响生活，至于小朋友要是胆敢参与，那就少不了一顿好打了。

六博在古代被称为"博戏之祖"。

到了魏晋时期，六博渐渐式微，它的风头被另一种"桌游"抢走了。

这就是孔子提到的"双陆"。双陆是双方各有六枚棋子，即"双六"，也就是"双陆"。这种游戏的生命力更旺盛,直到清代才消失,不过现在大家也不知道怎么玩了。

总之,双陆也是个很容易让人上瘾的桌游。据说最早是从印度传来的,曹植对它进行了改进,三国时期就开始流行了。

唐代时,武则天极为热衷双陆,也有说贤臣狄仁杰曾利用双陆的棋局向武则天进谏。

古人真是很会玩。

在中国历史上,除了这两种最大众化的全民游戏,还有许多著名的游戏。

比较著名和流行的有一种名为樗蒲(chū pú)。现在有人还研究还原出樗蒲的全套棋具和玩法来,不过时过境迁,我们现代人大概是没有兴趣复古了。

唐代人们生活普遍富足,游戏种类也就更加丰富,甚至有人考证出李商隐《无题》中极为著名的两句诗"身无彩凤双飞翼,心有灵犀一点通"并不是比喻的说法,而是指一种名为"凤翼"的游戏,灵犀则是骰子。因为诗后面跟着两句"隔座送钩春酒暖,分曹射覆蜡灯红","送钩"类似后代的击鼓传花,而"射覆"则像是猜谜语,这个游戏《红楼梦》里也曾提到过。

古人的游戏项目还有太多太多,趣味性应该不逊于我们眼下风靡的手机游戏,不过都已失传,我也无意考证,只从残留的吉光片羽中去遥想当年风行的盛况便足够了。

反正一代人有一代人流行的游戏,别说这些千百年前的游戏,就是我们这些70后、80后小时候玩的游戏,现在也都难觅踪影了。眼下这个娱乐风行的年代,好玩的实在太多,某种游戏想要风行全国,怕是不太可能了。

说起来,六博、双陆、樗蒲等都是由域外传来的游戏,我们自己其实也有土生土长的益智游戏,那就是围棋。我们所说的琴棋书画四雅事,棋就是专指围棋的。

围棋作为一项游戏太过高雅,所以它从来没有像上述的游戏那样普及,但它的生命力却最顽强,至今仍然生机勃勃,甚至连最代表高科技的人工智能都要以能够下赢围棋高手作为它智能的检验标准。

我们现在常以"博弈"形容围棋,其实在古代,这两个字的用法和现在还有所区别。

"博"戏多指有运气成分的输赢游戏,比如这里的六博、双陆、樗蒲、打马、骨牌、麻将等等,"弈"则更强调策略,这便主要是指围棋、象棋这样特别需要动脑筋的游戏了,所以现在下棋也叫作"对弈"。

更为特别的一点是,虽然女性同样能够参加博戏,但我们却很难在这些题材的历史文物中看到女性形象,唯有围棋例外。

围棋在古代尤其得到了女性的喜爱,尤其是上层社会的女性,所以她们弈棋的形象倒是流传了下来,最著名的当数新疆阿斯塔那唐墓屏风画《弈棋仕女图》;明代仇英的《汉宫春晓图》当中,也有宫中女子弈棋的场景。

据史载,汉高祖的宠姬戚夫人就是一名围棋高手,后来的杨贵妃等人也都很擅长围棋。比起前面那些玩到兴头上恨不得撸起袖子干一架的博戏,安静娴雅的围棋更适合女性。

当然,围棋受到古代宫廷中女性的喜爱不只因为它是一项安静、优雅的活动。这漫长寂寥的深宫岁月,

《弈棋仕女图》
唐
新疆维吾尔自治区博物馆

仇英《汉宫春晓图》中下围棋的场景。

这寒凉如水的凄清长夜,闲敲棋子落灯花,她们那无人诉说的苦闷和孤独也许只好用这缓慢悠长的游戏来打发了。

汉

铜奔马

好一匹风驰电掣的神驹

纵观历史，但凡在军事实力比较强悍的朝代，马的形象的艺术作品就会比较多。比起其他动物，马有一样重要的功能就是用于打仗，它直接决定军队战斗力的强弱，因此也被认为象征着一个民族奔腾的热血精神。

从现在的西安出发，沿着古代丝绸之路向西行进，在第一个大站点兰州，我们就会看到一匹马，准确来说，是一匹风驰电掣的神驹。

你甚至不用进到博物馆，一下火车或者飞机，便能迅速发现它。它已经成了兰州的名片，整座城市里，它的身影无处不在。

它的真身收藏在甘肃省博物馆里，是众星捧月的明星。你可能猜到了吧？它就是大家熟知的"马踏飞燕"。不过，在博物馆里，它的名字叫铜奔马。

铜奔马，这是个更加严谨的名字，因为就外形来看，奔马所踏的鸟儿确实不是燕子，它的尾巴并不是剪刀的形状。至于这鸟儿的种类，因为造型并不特别写实，所以专家学者们都纷纷拿出自己的观点。

最后有学者考证，这只鸟应该是龙雀，它是传说中可以直上云霄的神鸟。这样看来，倒恰好能衬托出马儿乘风踏云的神异，所以有人认为这尊铜像叫"马超龙雀"更适合。

我倒觉得是"燕"是"雀"并不太重要，因为铜像的主角，也就是这匹矫健俊美的马儿太夺人眼球，人们常常会忽略了马蹄下面那可怜的鸟儿。

这样一匹气度不凡的马儿是东汉的作品，高34.5厘米，长41厘米，远不像想象当中那样高大，但气势却比想象当中的更加威猛。

铜奔马的造型很流畅，整个身体曲线一气呵成，没有多余的旁枝末节，也就没有什么东西分散它浑然一体的力量。马的身躯和四肢似乎并不完全合乎真实的比例，身体相对而言显得略壮硕了些，但这样的处理却让马儿看上去更加神力鼓荡、气势雄浑。

四蹄是造型中最精彩的部分，每一条腿的姿势、力道都各不相同，所以大腿的肌肉也有相应的变化。

我们常常会误以为马飞奔起来是四蹄腾空的，其实那是个天大的误会。十九世纪晚期，西方照相技术发明以后，人们通过连续拍照，才澄清了这个事实。

所以，这匹马一脚落地的姿势其实是完全合乎事实的。可见当年的工匠对马奔跑的姿势相当熟悉，才能做到这样既极尽想象和夸张，却又符合现实。

马儿的步伐实在漂亮，据识马之人辨认，说这叫作"对侧步"，是训练有素的马特有的姿态。

右后蹄的造型最讲究，虽然它要支撑整个马身体的重量，但却显得毫不费力，而且它的蹄尖与鸟的接触面极小，像是只轻轻在鸟背上一点便又要疾驰而去，所以总让人觉得它其实是四蹄凌空的。

不过，就这轻轻一点已经改变了马身体的走势，所以它的头略向相反的方向偏了一偏，让人觉得这一踏其实只是个意外，只因为马儿速度实在太快，它似乎来不及发现自己脚下踏到了什么东西。

马尾巴被裹成扁扁的一束，高高甩起，和头部巧妙呼应着。虽然这尾巴的造型看上去甚是随意普通，对烘托骏马的英姿似乎也毫无帮助，但实际上，这马尾巴的位置和造型却是格外用心的设计，你如果尝试改变马尾巴的造型或者位置，就会发现作品的稳固和俊逸就被破坏了。

铜奔马 | 083

铜奔马
东汉
甘肃省博物馆

这也充分说明了细节确实不随便。

不光是马儿，就连马蹄下那只连品种都难以辨认的鸟儿，它的体积、造型以及位置，都经过精准的设计，增一分太多，减一分太少。虽然鸟儿的身体细节被极力简化，侧面看去只有两个小小的突起，分别代表它的头和胸腹，但仔细看，你会发现它其实是在回头望着踩在自己背上的庞然大物。

鸟儿正飞得自在，没想到一团黑云突如其来，接着背上就受了一股力。还没等它回头望清楚，那一团黑云便倏忽如闪电一般消失在远方，只留得这小小鸟儿在空中惊魂未定。

虽然现在铜奔马被严严实实地罩在玻璃展柜里，却总像是立刻便要腾空而去。

汉代的艺术遗存中最不缺的就是马的形象，汉墓里出土过数量惊人的兵马俑，还有形式各异的铜马，有些还是鎏金的，甚至还有石雕、木雕和玉雕的马儿形象，可见汉代的人对马是多么的喜爱。

这些马儿形态各异，立马、走马、奔马、卧马等等，不一而足，要说它们和铜奔马的"血缘关系"，用一句话形容，应该是"不在形似，而在神似"。

汉代出土文物中，几乎所有马的造型都半张着嘴，像是在呼吸；它们的身体也都呈现出极其圆劲匀停的曲线，一看就是日行千里的良驹。

这些马儿大多出土自西北，这里正是它们一展雄风的战场。

昏暗的日色和飞扬的黄沙间，它们的身影愈显神勇。别忘了，这里还有那些骑马征战的英雄啊，马儿也为他们的故事平添了数不清的传奇色彩。

这么多的汉代骏马各具风姿，最后却被铜奔马拔得头筹，说起来还是它的运气好，也不知是哪位工匠突发奇想，在它脚下塑了这么一个小小的传说中的神鸟"龙雀"，便一下子让它与众不同起来。

它于是不再属于尘世凡间。

这匹天马还要奔向何处呢？从兰州一路往西，那是武威、金昌、张掖、酒泉，再向西就是嘉峪关。再向西，还有敦煌，还有玉门关。关山之外，还有关山。

山长路远，它，背负着中华民族最美好的期盼，从未停止前行。

汉

汉代瓦当

西风残照，汉家陵阙

有一个关于建筑的词"秦砖汉瓦",清清楚楚地告诉我们——汉代最值得称道的建筑成就正体现在"瓦"上。

其实汉瓦并不只是简单的瓦片,它涉及中国古代建筑中房屋屋顶的一些基本构件,除了瓦,还有瓦当、瓦钉、滴水等等配件。

如果只是从艺术角度来看,真正的汉瓦其实没什么太大的欣赏价值。用黏土烧制出最简单的弧形,弧度有大有小,一般最大的弧度能到半圆形,被称为筒瓦。

汉代的瓦是由灰色黏土烧制的素瓦,也就是没有纹饰的瓦,当然,纹饰是多此一举,因为根本没有人能看得到铺在房屋顶上的瓦片花纹。直到后来有了琉璃瓦,才算是为屋顶增添了华丽炫目的光彩。

说到汉瓦,真正的看头在瓦当。

瓦当是屋顶的建筑构件中极为重要的一种,称之为"当",便有"一夫当关,万夫莫开"的作用,它正是用来"挡住"瓦的。

现代房屋建筑已经极少用到瓦这种构件了,但古代的屋顶却离不开瓦。古代没有混凝土这种坚固的建

瓦当　　瓦钉　　　滴水

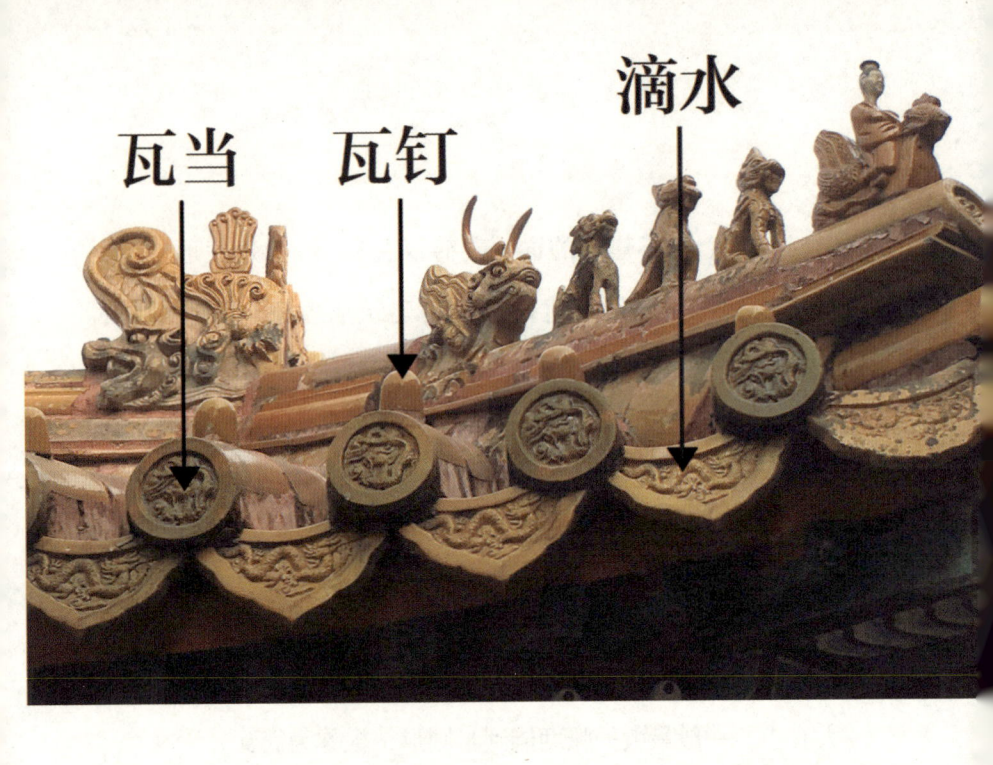

材，所以要靠木头支撑起整个房屋的"骨架"。屋顶除了横着的大梁以外，还有一道道斜向的骨架，这就是椽子。

　　为了挡雨并防止屋顶积水，保护木构的骨架，瓦就成了铺设屋顶的最佳构件。

　　瓦面设计成圆弧形，也是出于快速排水的目的。每逢雨天，雨水能够迅速从瓦面上流下来，落到下方层叠的滴水里，屋顶上的水便可以被迅速排干了。

　　一片瓦倒没太多分量，但沿着椽子一片片往下排，数十片瓦叠加在一起，重量就很是不轻了。越到接近屋檐位置的瓦，承受的重量就越大，非得有一个东西将最后这块瓦固定住，不让这一溜瓦片滑下来，这就需要瓦钉。

中国古代建筑在营造设计上很讲究，即使出于实用目的，工匠们也没有选择在最前面那块瓦上钉个钉子了事，而是对打头的瓦进行了特别的设计，在瓦筒的最前端加了一块圆形或者半圆形的"挡板"，挡板上还有装饰，这就是瓦当。

除了能够挡住后面的瓦不会滑落以外，瓦当还有一个重要的功能，就是保护椽子的头。我们还有句老话，叫"出头的椽子先烂"，原意说的就是由于最外侧房檐处的椽子日常经受日晒雨淋，较其他部位的椽子更易损毁。这里有了盾牌似的瓦当把木制的椽头紧紧地包裹在里面，就能有效地阻挡风吹雨打，由此也就大大延长了椽子的寿命。

想不到吧，这灰灰土土的瓦当，竟然是科技与艺术完美结合的典范。

讲过了瓦、瓦当的作用，现在再来看看这"秦砖汉瓦"中的汉瓦有什么特别之处，能在中国建筑史和美术史中争得一席之地。

陕西历史博物馆收藏的汉代瓦当来历格外不凡。作为十几朝的古都，这里出土的瓦当有许多正是汉代雄踞在长安城里的皇家宫苑上的构件，所以无论是尺寸还是纹饰，都具有皇家气派。

汉代长安城遗址出土的瓦当纹饰主要分为两种，一种是图案，一种是文字。这些装饰纹样也不单单是为了美观，它们无不直白地体现出汉代统治者强烈的愿望。

内容最丰富的是文字瓦当。

能被刻写在瓦当上的文字可不是随意选择的，它们都是寓意美好的吉祥话语，比较多见的是长乐未央、大宜子孙、千秋万岁、与天无极这几种；另外还有各种各样的美好企盼，比如高安万世、泱茫无垠、与华无极、与华相宜、折风阙当、亿年无疆、永保国阊、与天相待、日月同光等等。我之所以不厌其烦地把它们抄录于此，除了让人感受汉家天子想要国祚永存、万寿无疆的渴望，也是想让大家感受一下辞藻铺排华美的气势。

这正是汉赋的特点。

不过文字虽然表意直白，但图案却更能引发人的想象，也更能吸引人的目光。

汉代图案瓦当中最有特点的是四灵瓦当。

"四灵"最早出自古代星象学，古人把天空四方的星象分成四组，每组分别用一个神兽代表，东青龙，西白虎，南朱雀，北玄武。到了汉代，这四方神兽又被看成掌管四方地域的神，代表武力，也象征吉祥。

因为瓦当是浑圆的，所以四神兽也因势就形，身体被塑造成了圆劲的形状。青龙、白虎昂首挺胸，身躯

"与天久长"瓦当
汉
陕西阳陵博物院

四灵瓦当
汉
陕西历史博物馆

的弧度很有力度，它们的尾部高高举起，画出的曲线充满弹性。龙虎二兽四肢前后尽力展开，仿佛腾云驾雾一般，气势雄健而沉稳，也足以让邪魔望而生畏。

朱雀在传说中主火，是浴火重生的不死鸟，瓦当上的造型也充分体现出这样的神性。它在瓦当中央站得笔直，从细长的脖颈到腹部到尾部，形成了完美的弧线，神采飞扬。它的羽毛被表现得华丽辉煌，沿着瓦当散开，以身体为中心向外放射的样子，真像是熊熊的烈焰。

玄武是一种组合神兽，由龟和蛇组成。龟沉静，稳稳地伏在中心；蛇灵敏，缠绕在龟的周身，出没不定。龟蛇动静相宜，比起单个神兽，大概也更多了些神力。玄武到了宋代因为避太祖赵匡胤父亲的名讳而被称为"真武"，成了道教所奉斩妖除魔的北方之神。

这些灵兽除了能够镇守一方、保佑太平，同时也是寓意美好的祥瑞之物。在它们的守护之下，汉家天下大概也就能够福寿绵长了。

愿望归愿望，现实还是很残酷，不要说汉家天下早已分崩离析，连这四方神兽的瓦当，也都已经残缺不全了。

  长安古道音尘断绝，汉家陵阙也已灰飞烟灭，所幸还残存了这些瓦当，那四方灵兽，仍然不倦地守护着关于"长乐未央""千秋万岁"的旧梦。

驿使图

魏晋时期

看看中国古代怎样送「快递」

虽然现在邮局越来越淡出我们的生活，但每当看见邮政标志上的那个骑马传书的驿使形象，长长一段邮驿史就一下子鲜活起来。

这个形象的原型是魏晋时期的一幅彩绘砖画"驿使图"，现存于甘肃省博物馆。

这幅砖画出土自嘉峪关地区魏晋时期的一个墓葬彩绘砖画群，一砖一画，共有760多幅；砖画内容丰富庞杂，表现的是当地生活当中的宴饮、出行、狩猎、农耕、采桑、畜牧等场景，俨然是一卷大型民间风俗画，在这当中最特别的一幅就是"驿使图"。

驿使，也就是我们现在生活中不可或缺的"快递小哥"。

这是目前我国发现的最早的"快递小哥"形象。

这个形象设计得相当不错，不仅人物神态神采飞扬极富动感，而且造型清楚明白，绝不会叫人看错。

整个砖画没有背景，只有正中间一个头戴黑帻的驿使骑着一匹枣红马疾驰。驿使一手紧握缰绳，一手举着一片长长的东西。这东西叫作传符，是古代驿使通行的凭信。因为奔跑速度太快，马儿已经四蹄腾空，尾巴飘在身后形成一道粗粗的直线,驿使的袍子也被风吹得鼓鼓胀胀的,想来传递的信息应该相当要紧,也或许是八百里加急的军情。

这件驿使图砖画出土于甘肃,也从侧面反映了这里作为丝绸之路要道、中西交通咽喉的重要地理位置。

因为历代在此地都设有关隘要塞,驿使在此地的往来也就特别频繁,所以就连普通的生活图景里都出现

《驿使图》彩绘砖画
魏晋时期
甘肃省博物馆

了他们的身影。

不过,这样疾驰而来又倏忽而去的驿使,究竟要做些什么呢?

待我读到关于"驿使"的诗文时,对这份差使不由产生了神往。

我最早读到的是南朝的陆凯写的一首《赠范晔》:"折梅(一作花)逢驿使,寄与陇头人。江南无所有,聊赠一枝春。"

这是陆凯在旅途中忽见梅花开放,便折梅一枝,自江南寄至长安,赠予好友范晔时附上的一首诗。知己往来的礼轻情意重和折梅寄友人这份清雅脱俗的趣味实在让人激赏,但我小时候读着诗,想的却是我要去做驿使。

这是多么浪漫的工作啊!春天传递的讯息带上的是梅花的香味,那么夏天、秋天是不是会带着荷花和桂花的香味?等到冬天,这雪的消息又该如何传递呢?

想想就觉得有趣。

不过,等我后来又读到更多和驿使有关的诗文时,才发现这份浪漫是我自己太主观、太脱离现实的想象,远不是驿使工作的主流。

边塞诗人岑参的描述更加真实："一驿过一驿，驿骑如星流。平明发咸阳，暮及陇山头。"

这下读来，便只觉得辛苦了！

等我再稍稍了解了邮驿的历史之后，才发现驿使的差事和浪漫几乎毫不相干，也远不止于辛苦，他们传递的消息时常关乎个人生死、战争成败甚至国家存亡，实在是名副其实的重担在肩。还是引用一句诗吧，杜甫《黄草》诗中说得很明白："秦中驿使无消息，蜀道兵戈有是非。"

在古代，邮是指步传，驿则是马传。你看，"驿"这个字的马字旁已经道出端倪，可见驿一开始追求的就是速度。我们现在常常在古装影视剧里听到"八百里加急"，这便是速度最快的古代"闪送"了，当然只有最重大的国事，才能启用这样非常规的手段。

事实上，驿最早正是国家为传递军事消息而设的，而且一直以来，邮驿都只用来为政府传递公文、转运物资，有时候也接待使客，并不为普通百姓传递信件。

所以，驿政的兴废涉及一个国家军事、政治、经济、外交等诸多方面，有人称邮驿为"国之血脉"也真不是夸大其词。

我国的统治者很早就意识到了驿政的重要，所以我们的邮驿史也很久远。

哪怕只算有确凿文字记载的，就可以追溯到殷商时代的甲骨文，其中有"连""传氏"等文字，这体现的是商代传递信息的连传制度。

这样算来，中国邮驿史已经超过了三千年。

到了西周，紧急军情便使用烽火传递。这种古老而有效的方式沿用了很久，直到明清仍有使用。历代的诗文中时常能见"烽火"一词，它也并不全是文人用典的虚指。"烽火"一词出现的频率实在是高，所以只要看到这个词，我脑海里便立刻会浮现出大漠狼烟、兵临城下的画面，耳边也尽是三军将士出辕门的喊杀声。

不过，关于烽火最著名的典故却是个悲剧。周幽王为博美人褒姒一笑，烽火戏诸侯以至于亡了国，成为千古教训，这个故事也从一个侧面印证了邮驿传递消息的严肃性，实在不能当儿戏。

到了秦统一中国后，为了更便捷有效地掌控前所未有的广阔疆域，真正实现"海内为郡县""政令由一统"，秦始皇大修驰道，颁布律法《行书律》，从硬件和软件上都大大提升了邮驿的效率。也正是从秦代开始，律法明确规定紧急公文在收到后要马上传递，即使一般的公文也必须当天传递，不许稍加稽留，否则就要受刑罚。

到了汉代，邮驿的设置为五里设一邮、十里设一亭、三十里设一驿，形成了规整有序并且覆盖广泛的邮驿信息网。不仅如此，汉代还明确了不同重要等级的文件采用不同的递送方式，有邮行、马行、驰行等，也就是从步递到马递到快马加鞭，速度越来越快。

同时，信封上也有了极为严密的格式，除了寄件人的地址、姓名和发信日期，以及收件人的官名、姓名和地址以外，还必须标明递送方式，这几乎和现代邮政无异了。

这样是为了最大限度地保证公文能够准确、快速地传达。因为传递的是公文，所以关系重大，不论是送错了人还是延误了时间，驿使都要受到重罚，所以没人敢马虎。

汉初刘邦清除异姓王,后来景帝平定七国之乱,以及汉代的对外征战、边防等等,都利用了邮驿的便捷。汉代与域外的交往频繁,邮驿发挥了重大作用,秦汉时甚至还把邮驿作为考核地方官员政绩的重要指标。

魏晋南北朝时期因为战乱频繁,邮驿的建设与维护受到影响,不过也正因为战乱的原因,它们的作用也更加突出了。

这幅"驿使图"出土于魏晋时期的墓葬,也是此时此地邮驿发达的一个证明。

到了唐代,邮驿的发展迎来了顶峰。唐代的邮递归兵部管理,并在相关的建制和法典方面进一步完备,这套严密的邮政管理办法对后世的影响也很大。

《唐六典》中记载,唐玄宗时期全国的驿站多达1643处,人员达五万以上。驿站人强马壮,所以驿传速度也很快,当时明文规定陆驿的速度是每天七十里,紧急邮件每天要高达几百里。

当然,如果稽程延误,驿使就要受到笞(chī)刑,如果是紧急文书被稽延,晚一天就要被判处一年徒刑。

当然不能光图快，还要保证准确，误投文书的话同样要受笞刑或者有期徒刑。

可见，驿使真是个需要胆大心细的差事。

此外，驿传路线也必须严格按照标准路线一驿一驿顺驰，不许绕道，每到一个驿站还必须换马。如果因为不换马让马累死了，驿使除要接受刑罚外，还需照价赔偿，因为驿马在当时是属于重要的军用物资。

驿马自然绝对不允许驿使私乘，如果有"诈乘"，会被流放三千里并服劳役三年，这是极重的刑罚，相当于无期徒刑。

当然，除非遇到自己身患疾病或是其父母过世的情况，文书也绝不允许他人代送。专人专职，也是出于保密的需要。

还有一点很重要，驿使在传递文书外只能随身携带必需的衣物和兵器。如果夹带他物，一斤就会换来六十大板，实在是不值当。

几乎方方面面都考虑到了，所以在制度的保障之下，唐代邮递效率极高。

据记载，安史之乱初，安禄山在范阳起兵，范阳大约在今天河北保定以北的地区，而唐玄宗六天之内便接到了急报，要知道当时皇帝在三千里之外的陕西临潼，可见快马急送达到了日行五百里的速度。

除了军情要日行五百里急报，还有赦书也得抓紧，还得越快越好，因为它的抵达时间直接决定一个人的生死。赦书到得稍晚，人头已经落地的悲剧也时有发生。

驿使所行的每一步，责任都是何等重大啊！

宋代的邮驿制度进一步完善，我们最熟悉的典故有宋高宗十二道金牌急召回前线作战的岳飞。这金牌就是最特殊的信物，是朱漆刻金字的木片，上刻"御前文字，不得入铺"，这是当时最快的传驿办法了。

后来的元明清几代，也就基本沿用了这样的建制。无论哪个朝代，对于驿路的管理都极严格。

以上说的都是官驿，普通百姓是享受不到这样优质高效的快递的。

古时候识字的人少，所以私人信件并不多，实在有需要，有财力的人家能自派专人递送，大多数人便是委托外出的官员或差役帮忙捎带。

《世说新语》里面有一则记载,说晋代一个叫殷羡的人出任豫章太守,京城的人便托他捎带书信,多达百余封。结果这位太守经过江边时把这些信一把抛进水中,边抛边说:"沉者自沉,浮者自浮,我殷羡可不能当你们的邮递员!"

这也可见私人邮寄的困难。

唐朝官邮发达,私人通信也就多了起来。高级官员的书信有官府和边防提供便利,低级的官吏也有州县邮驿捎带,可见唐代严禁私带的律令条文在执行上也还是有些松动的。

普通人之间的信件传递就全靠同乡和商旅了。但这样的传递周期极长,而且送到的可能性不太大。杜甫就叹过"寄书常不达",更说过"家书抵万金"。还有更感伤的,便是韦庄所说"九度附书向洛阳,十年骨肉无消息"了。

后来有了专门替私人送信的信客,当然速度远不如官邮的驿使的快马了。直到晚近,民间书信往来大部分靠的还是"挑子"。

离别的苦，相思的痛，都在这一纸纸的音书里，可惜它们大多都无法送达，最后不知飘散到了何处，沾了泥土，成了灰烬。音书两端的人啊，或许这一生，也就再也无缘得知对方的消息。

古人特别重视友人送别，表现送别的诗文也格外多，想想音书难抵，这一别或许便是一生啊。

其实比起友人，家人或许更令人挂念。

每每读到岑参的"马上相逢无纸笔，凭君传语报平安"，总是有点想流泪。游子该是多么的无奈啊，能偶遇回乡的人已极不容易了，却偏偏没有纸笔无法写成一纸书信，于是只能重重地嘱托又嘱托。

唉，与岑参无纸无笔只能凭信客口头报平安不同，张籍在《秋思》中则是另外的情形，他是"复恐匆匆说不尽，行人临发又开封"，写了又写，加了又加，可是对家的思念无论如何也说不尽，写不完啊。

不管是什么情形，音书传递总是艰难无比，所以信客的挑子也就特别沉、特别重。

民间信客的挑子里自然没有八百里加急的军情，没有国家存亡的大事，但一字一句，刻上的是人间最温暖炽烈又最凄凉感伤的相思。这是深夜孤灯下母亲和妻子与日俱增的牵挂,是离家万里的游子对家园故土的渴盼,甚至还有一个人在世界上留下的最后一丝讯息,人间悲欢都在他的挑子里,怎么可能轻呢?

北魏

鹿王本生图

动画片《九色鹿》的故事就来自这里

这是动画片《九色鹿》的片头,动画制作得非常用心,这个场景表现的是这幅壁画所在洞窟的场景。

我估计最熟悉这幅画的应该是70后和80后吧,因为这正是他们童年里最精彩的动画片之一《九色鹿》的故事和形象来源。

这是敦煌莫高窟第257窟的壁画,绘制于北魏时期,据考证,具体年代是北魏统一河西之后,大约也就是在439年。北魏从公元386年建国一直到公元534年灭亡,虽然只有短短的一百多年,但在艺术上却很有建树,完全不是想象当中只会骑马打仗的"野蛮人"。

北魏艺术的主要成就集中于佛教艺术。

从魏晋南北朝的三国鼎立一直到隋唐重新统一，中国历史上经历了相当一段漫长的乱世，不同的民族政权为了争夺地盘和财富征战连连，搞得民不聊生、白骨累累，这是中国历史上少有的丧乱年代，佛教便成为了这个时代最得人心的精神力量。

也正是在这样的社会环境下，开窟造像的风气极为盛行。毕竟这些如蝼蚁一般脆弱微小的平民百姓，面对残酷的生活，也就只能在佛国中寻找片刻的精神依托了。就这样，在这样朝不保夕的日子里，地处西陲的敦煌却迎来了前所未有的热闹。

不过，敦煌莫高窟的开凿比北魏建国要早几十年。

敦煌之所以能够成为西部重镇，还被开凿出如此宏大的佛教洞窟，可以追溯到汉武帝时期。当年，张骞奉汉武帝之命出使西域，探索到一条从长安出发一路向西的道路，这条路行经甘肃、新疆到达中亚、西亚，最后的尽头是遥远的地中海。这就是我们熟悉的丝绸之路。

自从丝路打通，敦煌就设了敦煌郡，成为东西往来交通的一个重要站点。

从那时起不断聚集的人气，是敦煌后来得以成为佛教圣地的前提条件。如果没有足够的人流，就没有足够的赞助和香火，那便支撑不起这里长达上千年的辉煌。

很快，敦煌迎来了属于它的华丽篇章。

公元366年，一位法号乐尊的僧人云游到此，大概是暮色苍茫、夕阳残照的壮丽景致打动了他，他看到了三危山顶上突然金光四射、大放异彩。这位虔诚的佛教徒便认定这是佛在向他显灵，于是他遵循佛的意愿，在此开窟造像。

乐尊之后，这里又陆续聚集了许多禅师。一位叫法良的禅师将这面洞窟日益增多的悬崖命名为"莫高窟"，意思是再没有什么洞窟能够高过它。这个"高"，指的是佛教的修为。

莫高窟从此有了数不清的赞助人，达官显贵、商贾平民，都成了善男信女，他们毫不吝惜地捐资开窟，使这里香火旺盛、四方来拜。莫高窟的悬崖上叮叮咚咚的开凿声从此便不绝于耳，此后的一千年，无论是

莫高窟

太平盛世、国泰民安还是战火纷飞、朝代更迭，都从未断绝。

虽然大家都喜欢为敦煌赋予种种神秘色彩，但其实无论到底有没有那么一道金光或者有没有乐尊和尚，莫高窟都必定是要开凿的。当时的中国早已不是大汉时期的太平盛景，而是分裂为南北两大政权，南方是孱弱的东晋，北方此时正在凶悍的前秦统治之下，战乱更是家常便饭。直到唐代，中央政府对河西走廊有了绝对的控制力，这里的战火风烟才算是平息下来。所以，在如此漫长的几百年光阴里，莫高窟中的佛像不断地安抚着百姓的心灵。

时代的伤痕都被记录在艺术作品里。

一开始，莫高窟的壁画显得异常可怕，描绘的都是关于佛陀牺牲的故事，其中不乏一些看去有点吓人的场面。这些故事被称为"本生故事"，也就是佛的前世故事。佛陀在前世经历的考验之频繁、情状之艰辛，实在让人惊诧。这其实是为了告诉当时的善男信女一个道理：现世生活越是艰辛，来世才能越幸福。

佛不多言，他的故事就在眼前。其中最触目惊心的当数《尸毗王割肉贸鸽》《萨多埵那太子舍身饲虎》和《毗楞竭梨王身钉千钉》。在这些佛本生故事中，描绘了佛忍受痛苦牺牲自己以换得他人利益的场景。

虽然这些画面足够震撼，但总是让人有些害怕，远不如讲述善恶有报的《鹿王本生图》那样明朗积极。

这一次，佛的前世是九色鹿王。

有一天，一个弄蛇人在采药时不慎落水，九色鹿听到呼救便将他救上岸。弄蛇人感恩不尽，鹿王请他不要对人说起这件事。弄蛇人连连答应，并对天起誓如果背信弃义自己就会浑身长疮。

王后做梦梦见一只美丽的九色鹿，渴望用它的毛皮

《鹿王本生图》
北魏
敦煌莫高窟第 257 窟

做衣服，国王于是张榜悬赏捕捉九色鹿。弄蛇人见利忘义，揭榜前去报告国王，并且带领国王的大批兵马去捕捉九色鹿。

　　弄蛇人设计将九色鹿引到士兵的包围圈里。但重围中的九色鹿却丝毫不惧弓箭。它从容地跳到国王面前陈情，讲述了自己曾救助弄蛇人现在却遭他背叛的经过。国王和士兵们被九色鹿感动，愤恨忘恩负义的小人。

　　弄蛇人一刹间果然身上长满了烂疮，永远受到世人鄙弃。

　　《鹿王本生图》壁画的整个画面呈一字排开，故事情节由两侧向中间卷动。画面左侧的主人公是九色

中国国家博物馆有一段复制品。

鹿,白、绿、黑三色形的小山构成了场景的分割线;右侧的重点人物则是国王,建筑物辅助实现了场景的转换。

因为是"连环画",同一形象在一个画面中多次出现,很便于观众理解画面的故事内容。

整个故事越到中间越紧张,画面也越来越辉煌绚丽。正中间白色的鹿王是整个画面中最优雅健美的造型。鹿王一身雪白的皮毛上夹杂着各色斑点,便是所谓"九色"。

画面只用泼辣爽快的大红大绿,再加上黑白两色便显现了五色绚烂的夺目华彩,那只白色的鹿王在山间出没，成了画上最耀眼的精灵。

我总在猜想，这个故事或许不是一个劝人向善的简单民间传说，毕竟关于拯救和背叛的主题，和百姓们的日常生活还是略有些距离吧。

由于敦煌一直是兵家争夺的要地，实际掌控统治权的人也一直随之更替，所以这里也一直充满了权谋的争斗。在这样的历史背景下看，鹿王本生这个故事又会不会是某位当时的统治阶层用来告诫自己，在权势和利益的诱惑面前，在良心和欲望的挣扎当中，人究竟应该如何选择？抑或者他是在警示旁人，不要利欲熏心，善恶终有一报？

当然，这些只是我自己的猜测，并不能还原创作当年的情境，我们也无法更细致地体察当年创作者的用心。

壁画画面到九色鹿站在国王面前陈情一幕便戛然而止，但动画片里的讲述却要完整得多了。在动画故事中，九色鹿陈情后，弄蛇人又一次不慎落水，这一次，没有人再救他。

九色鹿的形迹暴露以后只能离开，动画片结尾伴着舒缓悠长的哼唱，梵音缭绕，九色鹿向天空飞去。九色鹿边飞边说出最后的台词，温柔又庄严：

你们听着，我乃鹿王，巡游贵邦，栖身密林，救人劫难。一天，我在水边救起了一个快要淹死的人，这人现在就站在我的面前。他违背誓言，恩将仇报，真是伤天害理，天地难容。

《九色鹿》是我童年最爱的国产动画片之一。后来学了美术史再来看它，片中画面浓郁饱满的色彩、圆劲灵动的造型，配上古雅悠远的音乐，还带着一丝特别的西域气息，让人瞬间便沉浸到了敦煌莫高窟的氛围里，它于是成了我的最爱，没有之一。

《九色鹿》在1981年由上海美术电影制片厂出品，导演是钱家骏、戴铁郎，编剧是潘絜兹，九色鹿的配音是丁建华，这是真正的豪华天团。

钱家骏，代表作是《小蝌蚪找妈妈》《牧笛》，他是中国水墨动画的开创者。

戴铁郎,我只说一部代表作,《黑猫警长》。

丁建华,她的代表作说都说不完。我们引进的好莱坞影片里,她为无数女明星配过音。她还为一位或许你想不到的神奇女性配过音,那就是哈利·波特系列里的麦格教授。

至于著名的工笔画家潘絜兹,更值得隆重介绍。在二十世纪三十年代,潘先生赴敦煌学艺,于是一生都与这里结缘,画风也深受敦煌影响。潘老在保护和修复中国古代壁画方面厥功至伟,而且对中国人物画、敦煌壁画等研究成果丰硕。

北周

独孤信印

大印在握，盖章有效

印章,早在商周时期便已有使用的记载了。这种物件虽然古老,但生命力却异常顽强,到今天也丝毫没有退出历史舞台的征兆。

2008年北京奥运会的会徽就是一枚中国印。印章在中国文化当中的意义不言而喻。

印章不但内涵"分量足",而且"管得宽",连生老病死似乎都得盖章认定,才能"生效"。

听起来似乎有点荒诞,但事实却是如此。印章自从被发明出来以后,就成了一种凭信,也成为一种权力的象征物。

在我们印象当中,地位最高、权力最大,又最有传奇色彩的印章应该算是传国玉玺了,它代表国家至高无上的权威,在古代就是"真命天子"的重要凭据,所以在许多历史片段里,时常可见争夺玉玺的戏码。

说到传国玉玺,我们脑海中浮现出的也许是这样一件东西——方形大玺上是硕大无比的龙形印纽,这方玉玺大到夸张,皇帝需要双手才能捧得起盖得下。

这种印象大概来自现在拍摄的清宫剧。不过,清代的皇帝玉玺体量也确实大,印面常常是十几厘米见方,但这并不是传说中的传国玉玺,而是清代才有的印玺。

真正的那枚神秘的"传国玉玺",是秦始皇时期制作的那一方。

商周时期的印章,既有官印也有私印;秦始皇统一中国以后,他便对印章进行了严格的限制,规定只有皇帝的印才能叫"玺",也只有玺才能使用玉作为材质。所谓"玉玺",也就成了皇权的象征。

传说秦始皇的玉玺材料来自著名的和氏璧。虽然在

"皇帝之宝"玉玺
乾隆"二十五宝"之一
中国国家博物馆

秦昭王的时候，因为蔺相如的机智为赵国保全了这块至宝，但秦始皇灭赵以后，和氏璧还是落入秦始皇之手。

后来，此璧被打磨后刻上了李斯书写的篆体"受命于天，既寿永昌"八个字，这就成了"传国玉玺"。

在当时，印玺的体量都非常小，便于随身佩带。传说公元前219年，秦始皇过洞庭时突遇狂风大作，眼看他坐的船要倾覆，他急忙将玉玺抛入水中，果然玉玺大发神威镇住大浪。

命虽然保住了，但玉玺却遗落了。

过了数年，玉玺竟然出现在陕西华阴，传国玉玺于是复归宫廷。

秦亡以后，刘邦接受了当时秦王子婴献上的玉玺，等刘邦即位后，玉玺又被他作为世代传授的国宝。

西汉末年王莽篡汉，又经绿林赤眉起义，玉玺几经流转，在光武帝刘秀掌权建立东汉政权时，玉玺又复归汉室。

东汉末年，天下大乱，汉少帝从宫中带着玉玺避乱出逃，颠沛中玉玺就此失踪，从而引起了各路诸侯对玉玺的搜寻和觊觎。正在十八路诸侯集结讨伐董卓时，江东的孙坚意外地在枯井里打捞到了玉玺，就此引起了联军的分崩离析和一场混战。孙坚因此丧命，玉玺辗转流入汉室。

后来，曹魏代汉，曹丕迫使汉献帝把玉玺传给他，以作为他的政权乃是受命于天的凭证。

有了玉玺，政权才显得正统合法。

曹魏末期，司马氏重演历史，逼迫曹魏末代皇帝"禅让"，玉玺也就为新的西晋政权加持了。

两晋南北朝的华夏大地陷入了前所未有的战争离乱，玉玺也同样几经易主。那样的乱世里，有些帝王甚至还来不及得到玉玺看清它的样子，政权就已经更迭了。

隋统一中国后，玉玺入宫，却可惜这个朝代太短暂，还没过几天安稳日子，皇后就在炀帝被杀后带着玉玺来到了北边突厥的地界。

所以，唐朝建国时实际上是没有获得那方传国玉玺的。不过，没人敢质疑这个新王朝的正统地位，更不敢质疑天子的合法性。

实力，永远比玉玺更可靠。

后来，大唐讨伐突厥，隋炀帝的皇后带着玉玺复归中原，进入皇宫。此时的太宗李世民早已经刻了"受命宝"之类的印玺，这方传国玉玺回来得有点晚了。

唐末五代，玉玺被后唐废帝李从珂带着一起自焚，从此玉玺下落不明。或许它是被烧毁了吧？所谓玉石俱焚，不是没有可能。

北宋时期有人报告发现了玉玺，也有人始终疑其不真，不过武力孱弱的宋朝倒是很需要这么一块传国玉玺来安定自己的情绪。

靖康之变，徽宗、钦宗被金兵掳掠，玉玺自然又一次被夺，离开中原。

到了元代，传国玉玺神奇地现身于大都的市集上，玉玺被元朝大将买下，归入宫廷。

似乎每逢一个朝代建立之初，玉玺总能适时出现，大概是真有神异吧。

明朝建国后，朱元璋对这块传国玉玺的渴望更加强烈。想想也能理解，出身低微的他更需要这块玉玺来坐镇皇位。于是朱元璋便派大将徐达深入漠北，一路追击元军残余，并取得玉玺，无奈最终徒劳，玉玺就此再也没有了消息。

所以，明代用的是自己重新刻的玉玺，一套共有二十四方，称为"二十四玺"。不同的玉玺上是不同的字，比如"大明皇帝之宝""大明天子之宝""皇帝密旨""广运之宝"等等，不同的玺对应不同的用途。

到了清代，乾隆皇帝又钦定了二十五方大印，被称为"二十五宝"，比如"大清受命之宝"是用来表明皇帝是承天受命，以显示他的正统地位；"皇帝之宝"承担着特别重要的任务，比如皇帝登基、皇后册命、皇帝大婚、发布殿试金榜、大赦天下等重要的诏书上都要钤上这方大玺。

传国玉玺后来又在清代重现江湖，但热衷收藏印章的乾隆皇帝并不予认可，他大概还是喜欢自己钦定的"二十五宝"吧。

再后来，封建王朝覆灭，连皇帝都没了，哪还需要什么"受命于天"的玉玺，这充满神秘色彩的传国玉玺，也就真的没有消息了。

玉玺便是皇权，便是天下，所以大凡皇帝想要有什么大动作，往往先要准备一方玺。比如清末的光绪皇帝要变法立宪，便刻了一方"大清皇帝之宝"，准备用于新政或立宪后向中外颁发的文书上。但可惜的是迄今为止，还没发现过哪个文件上钤的是这方大印，这件玉玺本身也没有使用痕迹。君主立宪制就和这方玉玺一样，还没来得及启用，便已被束之高阁。

不过，虽然玉玺掌握着国家大权，但它们的外观无论大小，都一律四平八稳方方正正，没什么出奇之处。要说历史上一枚最特别的印，它的主人是南北朝时期西魏、北周之交的一位将领，名叫独孤信。

这枚印高 4.5 厘米，宽 4.35 厘米，被刻成了一个半正多面体，看上去就像是个"骰子"。而且它是用煤精刻成，通体漆黑，更像是个玩意儿，不像是个正经的印信了。

此印由十八个正方形和八个三角形组成，其中的十四个面上刻有文字，包括"臣信上疏""臣信启事""刺史之印""大司马印""柱国之印""大都督印""独孤信白书"等等，字少的面上也有"令""密""耶敕"等字样，真是一枚多功能集成印

独孤信印
北周
陕西历史博物馆 （尹楠 / FOTOE）

章，一印在手诸事不愁，总有一面用得着，根本不像"二十四玺""二十五宝"那样既笨重功能又单一。

不得不佩服设计这枚超级印信的人，想法真是很超前。

不过，要说到独孤信这位大名鼎鼎的传奇男子，用这样一枚奇思妙想的印信倒是很能配他。

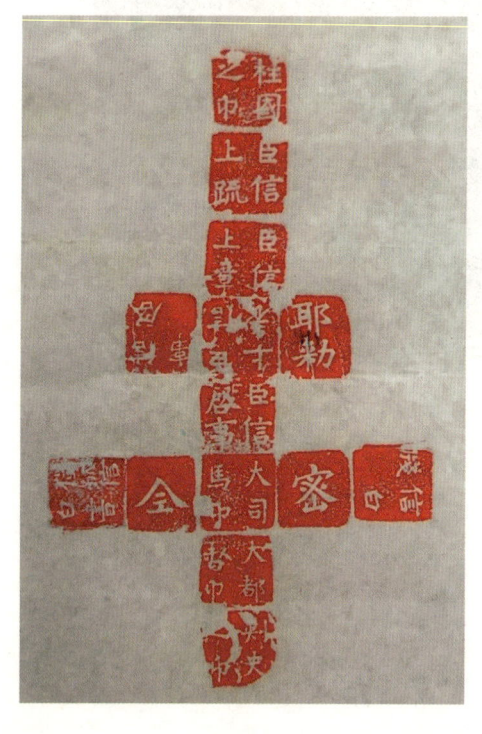

独孤信印上的印文

据记载，独孤信仪容俊美、风度宏雅，不过，在南北朝这个兵荒马乱的年代"靠脸"是吃不上饭的。独孤信靠自己的军事才华和治世韬略位极人臣，获得了声名和荣耀，看他的印文便可知道他的官职之多、官阶之高。

按理说印信一般是专印专用，但无奈独孤信官职太多、公务太重，带着这么大一串实在不方便，所以各种功用的印就被集成在这个"小黑球"上了。

除了公文、上书的官印，他还有自己的私印，其中的"耶敕"便是在写信教育子女时所用，意思是"来听老爸训示"，也真是一位操碎了心的父亲啊。

不过，独孤信没白操心，教育投入的回报相当大。他的七个儿子纷纷封侯拜将，三个女儿更了不得，应该是老天眷顾，让独孤信的优势外貌基因都遗传给了自己的女儿，所以他成了史上最著名的岳父。独孤信的女婿和外孙们比他有名得多，长女婿是北周明帝宇文毓，四女婿是唐高祖李渊的父亲，七女婿是隋文帝杨坚……

一枚印章，浓缩的是一段辉煌的人生。

不过，有人的印章实在太多了，别说十四个集于一体，就是一百四十个也集不完，所以只能刻了一个又一个，有圆有方，各种形状都有。

这位说的就是乾隆皇帝。

他称得上史上拥有印章最多的人，共一千八百余方，光是常用的就有五百多枚。不过这对很多古代书画杰作来说却不见得是什么好事。因为乾隆太喜欢盖戳了，常常在书画上加盖数枚印章，甚至比作品本身占的面积还大得多。

印章最早是作为凭证和权力的象征，尤其是官印，在大小、材质上会区别出尊卑。

而用作收藏、鉴赏的钤印则作为一种文人雅趣，是印章后来发展出来的新功能。

元代，王冕发现了叶腊石石质便于刻章以后，文人自篆自刻印章就成为风尚，制印成为文人雅玩，绘画创作也开始讲究诗书画印"四位一体"。此后便出现了许多治印高手和极富意趣的私印闲章，比如乾隆颇为自得地玩味"得佳趣""得大自在"，雍正却借他的一方印感叹"为君难"。

唐

昭陵六骏

唐代六匹战功赫赫的宝马

说起西安碑林博物馆，大略有点了解的朋友都知道这里集合了历代书法名碑，不过这篇里要说的却是一套更有传奇色彩的藏品——唐太宗的六匹马，当然不是真的马，而是六件浮雕。

它们被称为"昭陵六骏"。

这些马儿从唐太宗的时代便开始书写传奇，一路奔腾而来，这一奔，便足足过去了一千三百多个年头。

要知道，在古代战场上，马的优劣往往直接关乎军队的战斗力，在许多武功卓著的朝代，都会从西域等地寻找良驹。因此在艺术作品中，关于马的形象格外突出，表现马的作品数量也格外多些。

唐代算得上历史上最爱马的时代。唐诗中有李白潇洒的"五花马，千金裘"，绘画中有画马高手韩干的《照夜白》，更别说三彩俑中姿态雄奇的各色骏马。

但在唐代所有表现马的艺术作品当中，最神勇、最著名的，还要数"昭陵六骏"这套石雕。

它们是唐太宗的六匹宝马。

唐太宗对马的喜爱非同一般。这位能征惯战的皇帝一生战功赫赫，他的坐骑立下的就真是名副其实的

"汗马功劳"了。这些马不仅是他的好坐骑,还像是他的得力战将,有些甚至还成了他的"救命恩马"。它们陪伴太宗出生入死,征战四方,连他去了另一个世界,也还想带着它们去再建奇功。

所以,在他的陵墓昭陵北面祭坛上,他雕刻了自己最心爱的六匹战马的形象。不仅如此,他还亲自为每一匹马写了赞词。

雕塑的设计稿据说出自唐太宗时最著名的画家阎立本和他的兄弟阎立德之手。

昭陵石刻很多,远不止这六匹马,还有狮子这类猛兽,但哪个也比不过这六匹战马天生神威。它们不管是立是跑都身姿矫健。

这六匹战马每一匹都有自己的名字,我们不妨来一一认识一下吧。

战马分立左右两侧,自左向右一路排下来,它们的名字分别是什伐赤、青骓、特勒骠、飒露紫、拳毛䯄(guā)、白蹄乌。这些马儿竟然青史留名,足见它们的功勋和神俊。

什伐赤,是一匹来自波斯的红马(所以名为"赤"),

它是唐太宗李世民在洛阳虎牢关与王世充、窦建德作战时的坐骑。战斗中马臀部中了五箭，仍然奋战到最后，当然太宗取得了决定性的胜利。太宗给它的赞词为：瀍涧未静，斧钺申威，朱汗骋足，青旌凯归。

特勒骠，在古代毛色黄里透白的马称"骠"，这是来自大宛的良马，也就是传说中的汗血马。唐初李世

什伐赤
唐
西安碑林博物馆

民在平定山西的一役中，骑此马一昼夜接战，连打了八场硬仗，建立了卓著的功绩。唐太宗为它的赞词是：应策腾空，承声半汉；天险摧敌，乘危济难。

青骓，古代苍白杂色的马为骓，为李世民平定窦建德时所乘，当时此马异常勇猛，迎面身中五箭仍然疾驰，最后帮助太宗一役定乾坤。太宗的赞词为：足轻

特勒骠
唐
西安碑林博物馆

电影，神发天机，策兹飞练，定我戎衣。

白蹄乌，即身体纯黑四蹄俱白的马，这是唐初李世民在平定西北的薛仁杲时所乘。当时白蹄乌载着李世民身先士卒，一昼夜奔袭二百余里，有如神兵突降，迫使薛仁杲不得不投降。太宗给它的赞词为：倚天长剑，追风骏足；耸辔平陇，回鞍定蜀。

我们先只介绍这四匹，还有两匹稍后现身，原因也稍后告诉你。

你是不是觉得这些马儿的名字很怪？像是"什伐""特勒"等，听起来有点像是外国话？其实它们这些名字来自突厥语和波斯语，因为它们本来就是从异域获得的良驹。

这些马儿原本站在昭陵栉风沐雨，后来却被移到了碑林博物馆，并不是我们有意想要让唐太宗孤身一人征战沙场无马陪伴，而是为了最大限度地保护这些马儿。

因为它们饱经劫难，历经了重重艰险，才能够留在故土。没办法，它们的形象实在是神骏，艺术水平太高，所以引来了灾祸。

青骓
唐
西安碑林博物馆

白蹄乌
唐
西安碑林博物馆

民国初年，中国社会风雨飘摇，外国寻宝者蜂拥而至。国内贪财好利的无耻之辈便使用一切手段盗卖文物，昭陵六骏这样的杰作早已被这些不法之徒觊觎许久。

为了将这些宝物盗运出国，这些盗宝者不惜用了破坏性的方式，可恶至极！

由于昭陵六骏体量巨大，每一块巨石都宽达两米，高约一米，盗宝者无法整块运输，便不惜将它们打成数块碎块，再装箱盗运出境。

1914年，盗宝者把"六骏"中最精美的两匹"飒露紫"和"拳毛䯄"卖给了美国人，当年开价十五万美元，已是天文数字。现在，它们藏于美国费城的宾夕法尼亚大学考古与人类学博物馆。

剩下的四匹同样被打碎，但不法之徒正要用同样的方式盗运时被村民截获，这才没有流失海外。真是好险！

我们现在在碑林看到的，正是当年被截获下来的四匹。它们已经相当残破了，那些粗暴的裂口正是当年惨遭毒手的见证。

这四匹马的身体被切割成了几段，颈背处破碎得最严重，看着让人心痛。几乎所有的马儿都失了四蹄，因为腾跃的马蹄被雕凿得最立体精细，因此也就最脆弱。

不过，这些马儿体态真俊美，虽然它们身体流畅的线条总被那些刺目的伤口打断，但浑然一体的气势和圆劲饱满的张力，让它们的神勇不减当年。

它们都作同样的修饰，背上的鬃毛被修成三丛，名为"三花马"，三花的修饰，是边地良马才有资格享用的修饰。

马尾也都被捆成一束，这也是当年战马形象的真实反映，束住马尾是防止战斗中马尾被其他东西缠住，从而给骑手和马儿带来危险。

你现在去碑林博物馆，是能够看到六匹马的，其实这是博物馆为了完整地再现六骏的全貌，用两个复制品补全了被盗去美国的两匹。馆中特别完整的那两匹，正是复制品。

它们的真身我们从来也没有忘记，这两匹在六骏中格外俊美，是杰作中的杰作。

被盗的两匹名为拳毛䯄和飒露紫，它们都是立姿，站得坚定而稳健。尤其是飒露紫，是六骏中唯一有人像的作品。现在，我们来郑重地认识一下它们吧。

拳毛䯄，古代黑嘴黄马为䯄，因为马的毛做旋转状，所以称为"拳毛"。这是唐太宗平定河北刘黑闼时所乘，它相当威猛，神勇异常，在战斗当中身中九箭。太宗为它题的赞词是：月精按辔，天驷横行；孤矢载戢，氛埃廓清。

飒露紫，则是一匹少见的紫色宝马。站在飒露紫面前的这个人是唐太宗的侍臣丘行恭，他也是位骁勇善射的战士。在平定东都一役中，唐太宗乘着飒露紫孤军深入敌方，结果不幸被围，飒露紫此时前胸中箭无力再战，危急关头丘行恭赶来给飒露紫拔箭，并且把自己的坐骑让给李世民突围。看得出来飒露紫此时很痛苦，无力地低着头，神情却极其隐忍，也尽力站得端直。丘行恭左手抚摸着这匹深通人性的宝马，尽力减少它的痛苦。箭拔出来之后，飒露紫便倒地不起了。唐太宗给它的赞词是：紫燕超跃，骨腾神骏；气詟三川，威凌八阵。

拳毛䯁
唐
宾夕法尼亚大学考古与人类学博物馆

飒露紫
唐
宾夕法尼亚大学考古与人类学博物馆

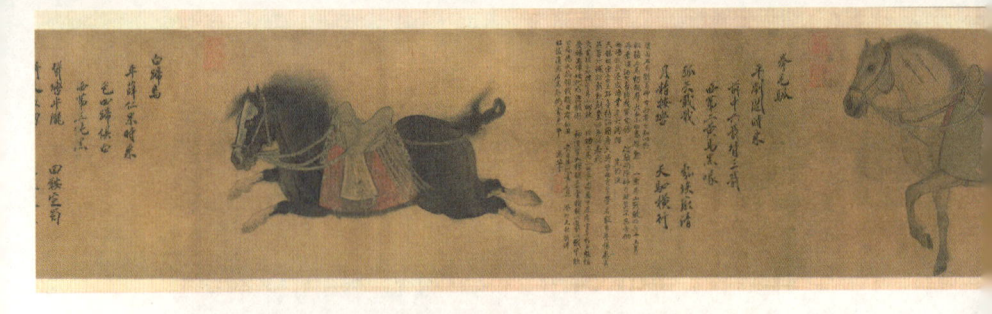

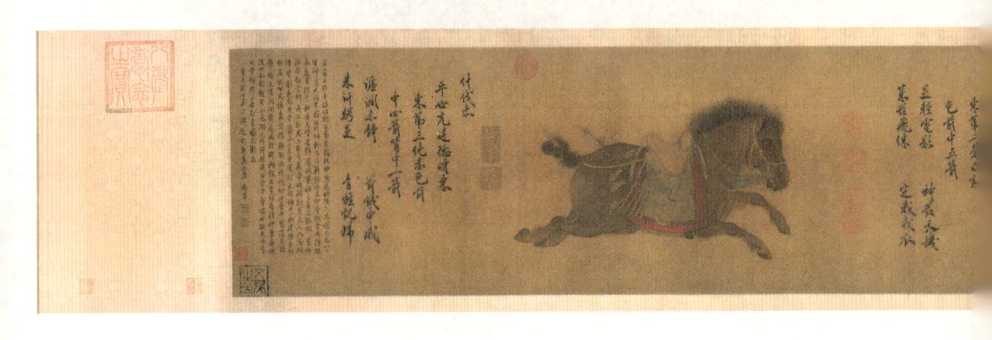

赵霖《昭陵六骏图卷》
金
北京故宫博物院

这两匹马,我曾特意到它们现在所在的博物馆寻访过,我忘不了它们的样子。

它们刚烈的神情里,总又有着别样的孤单。它们的目光温柔又坚定,却又似乎满怀期盼。

我想,它们在那里,一定数度梦回长安,翘首以盼团聚。它们当年一别昭陵便再也无法归来,甚至都不知道另外的四匹神驹此刻已经搬到了碑林博物馆。不过,无论身处何方,太平洋两岸的兄弟们,一定都是

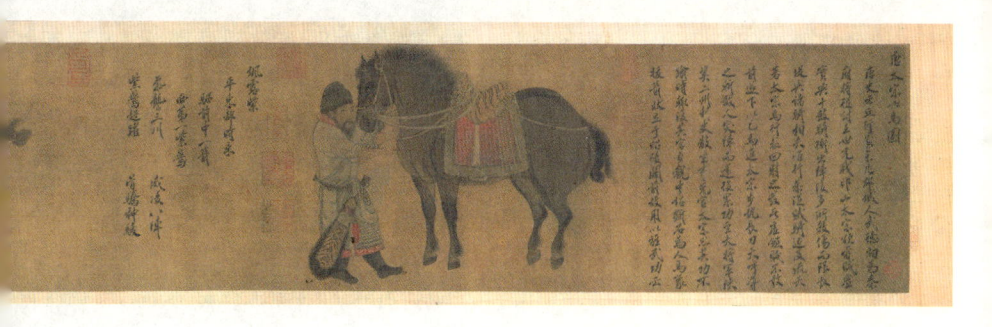

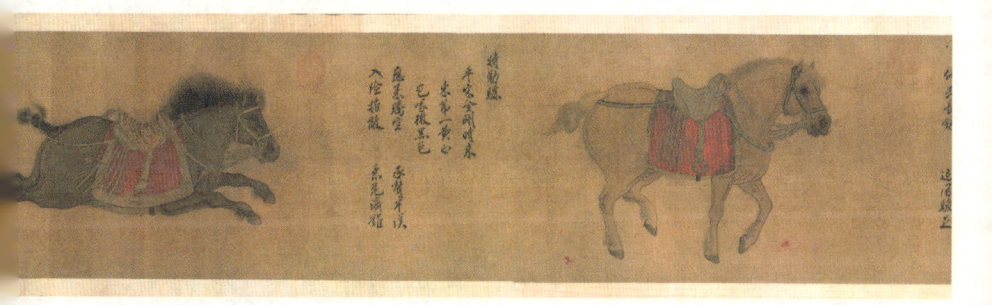

一样的心情。

　　它们在等那一天，在故国重逢的那一天。

　　我想，它们一定能等到的！

唐

螺钿花鸟纹平脱镜

照花前后镜,花面交相映

镜子是我们再熟悉不过也再必要不过的日常用品，尤其是女生，大概更是须臾不能离开。我国已知的最古老的铜镜，距今已经四千多年了。

可见古人对镜子的热爱，真是很不一般。从铸造出第一面铜镜后，人们造镜的脚步就再也停不下来！

商代青铜文化繁荣，自然少不了铜镜的身影，商王武丁的王后妇好墓中就出土过几面铜镜。在当时，铜镜实属贵重之物，大概也只有像她这样身份尊贵、地位显赫的贵族女性才能够享用。

人们对于铜镜的需求越来越大，工艺水平也越来越高。春秋时代迎来了铜镜发展的一次高潮，大家不再满足于铜镜摄形照影的实用功能，而是把铜镜背面当作"画布"，极力发挥想象力进行创作。

除了各种图案以外，还使用了当时最隆重最奢侈的工艺，比如错金银和鎏金工艺。想来在黄金的映衬下，大概对镜贴花黄的女子，也会更加姿容明艳吧。

到了汉代，铜镜背面的图像更加不拘一格，因为在生活中用得多，大家也很乐意把自己美好的愿望铭刻在铜镜上，形成了汉代极为特殊又格外流行的新样式——铭文镜。

诸如"长宜子孙""大乐富贵,千秋万岁,宜酒食""长相思,毋相忘,常贵富,乐未央""见日之光,长毋相忘"等等,都是汉代铜镜上出镜率极高的词。

汉代的人们对于愿望从来不加掩饰,都表达得直白热切又详细具体,他们的瓦当上,也同样常常使用这样的美好字眼。

"必忠必信" 铭草叶镜
西汉
清华大学艺术博物馆

对于汉镜来说，花样百出的纹饰图案都还是小意思。汉代制镜工艺中最令人惊叹的是"日光镜"。当光照在镜面上时，镜子背面的纹饰竟然可以被映照在墙上；如果从镜子背面打光，镜面上便可以显现出镜背的图案。

这光如何能够透过这厚厚的铜壁，映出背面的图案呢？研究结论称："它的镜面微凸，当平行光照射镜面时，镜面的反射投影就能出现与镜背的文字和纹饰相同的影像。"说实话，我仍然有些不明就里。

这般神乎其技的作品存世数量极稀，上海博物馆有这么一面，背面有铭文"见日之光，天下大明"，这也是"日光镜"得名的由来。

能制作出这样的"魔镜"，也就意味着汉代的制镜技术已臻完美。不过，这么早就登峰造极一骑绝尘，总让人有点不甘，所以到了唐代，制镜又迎来了一波新的热潮，唐诗中大量关于镜子的句子便可为证。

在技术上，汉人留给唐人的空间已经不多了，所以唐人只好在形状和图案上下功夫。菱花镜就是唐代的新样式，镜子不再是浑圆的轮廓，而被制成八朵花瓣的样式，如花朵一般盛放着，雍容端凝，这是属于唐人的浪漫。

大唐海纳百川，胸怀天下，所以铜镜的图案中就出现了许多异域风情，比如这个时代最典型的海兽葡萄纹、魔羯纹，都是典型的西域图案。

唐代到底还是富足雄强，所以唐镜的制作不惜工本，镜面厚实，纹样饱满，颇能显现大唐的气度。当然不仅是气度，唐镜还十分绚烂华美。唐人喜爱使用黄金，所以他们创造性地使用了金银平脱技术，也就是把金银薄片裁成各种图案，用胶漆粘贴好，然后再在上面覆盖几层漆，漆干之后加以研磨，漆被磨去后原先的金银花纹图案便显露出来。

这可是繁难费事的工艺，但在唐镜上却并不鲜见。

还有一样更有意趣的工艺，那便是螺钿镶嵌工艺。螺钿镶嵌和平脱技法差不太多，螺钿取材自海贝的珍珠层，具有特别的彩色炫光，所以色彩比单纯的金银更加奇幻多变。

可惜的是螺钿不太好保存，所以品相完好的唐代螺钿镜每每一出现，总能惊艳世人。日本奈良东大寺的

螺钿花鸟纹平脱镜
唐
陕西省考古研究院

螺钿宝相花绶带鸟纹铜镜
唐
日本奈良东大寺正仓院

正仓院便是收藏唐物的宝库，其中的螺钿宝相花绶带鸟纹铜镜，便是唐代制镜最高水准的实物证明。

唐代以后，铜镜就真的没什么太多的发挥余地了，所以此后铜镜迅速衰落。元明清还制作过一些诸如花形、鼎形、钟形的样式，但既失去了汉唐的大气沉厚，装饰又称不上奇绝瑰丽，只让人觉得奇形怪状了。

到了清末，玻璃镜全面替代铜镜，我们的生活中也就再难觅铜镜的踪影了。

现在，我们在博物馆里看到铜镜，总是背面朝上进行展示，为的是让观众能够看到背后的图案纹样，以至于有人还颇为迷惑，不知道古人在使用铜镜时，究竟是用的哪一面。

可惜的是现在绝大多数铜镜都早已锈蚀，任谁也不能"照花前后镜"了。

其实，镜子在漫长的历史当中有这样的地位，自然远不止让我们对镜梳妆这一点日常的功能。

你有没有想过，为什么绝大多数镜子都是这样浑圆的形状？这其实还包含着许多精神上的寓意。

最早出土的镜子，背面都有放射状的纹样，状如太阳的光芒，汉代的许多镜子上还有"见日之光"的铭文，可见当时的人把明晃晃的镜子在某种程度上当成了太阳；还有些镜背上铸造着同心圆，被考证为象征太阳运行以及时令节气等等；有些镜上的图案还有柿蒂纹，就是从镜中心向四面舒展的花瓣样的纹样，象征着四方；有些还直接铸刻出青龙、白虎、朱雀、玄武四神，这浑圆的镜子便成为了"天"的象征。还有的镜背面出现了四方形，这便是更加明确的"天圆地方"了。

为了悬挂方便，铜镜背面的正中间会有一个突起的镜纽，这也被一些专家学者认为是在表现万山之祖的昆仑山，就是传说中西王母所在的山，也是天地的中心柱。还有些镜的背后有四个突起的乳钉，或者"山"字纹，这被视为是撑起天空的四维。

小小一面铜镜，竟然包含了天地宇宙，自然是不能小看了。

正因为被赋予了这样宏大的意义，镜子在我们的文化里就具有了一些特殊的"法力"，比如辟邪、镇恶。正因为铜镜象征着阳光，能够洞照一切，所以志怪小

螺钿花鸟人物纹铜镜
唐
中国国家博物馆

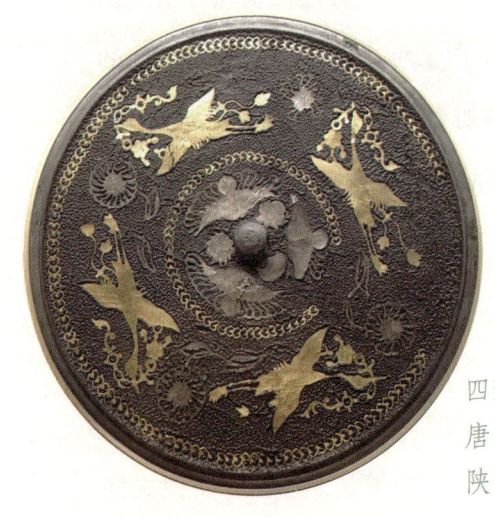

四鸾衔绶纹金银平脱镜
唐
陕西历史博物馆

说里面也就会有神异无比的"照妖镜"了。

也正因为如此,镜子又被作为鉴察、警戒的象征,于是有了"镜鉴",甚至连《红楼梦》早先的名字,都名为"风月宝鉴"。

当然啦,镜子也并不总是为了照出世间万象,照见人的灵魂深处,让人不禁内心一凛,它其实还是一件充满了爱的物件。在古代,镜子也总是作为恋爱中的男女送给对方的礼物,因为人们相信它能够映照一切,包括双方的心迹。

汉代辛延年的《羽林郎》一诗中就写过:"贻我青铜镜,结我红罗裾。"

你要是看见镜子背面的图案上是凤凰、大雁,尤其是成双成对出现的,还有口衔同心结的,那应该更是爱情的信物无疑了。

古代诗词当中也时常借镜子来表现爱情,尤其喜欢用蒙了尘的镜子妆台来表现女子对恋人的思念。如果再结合镜子上的铭文"长毋相忘",则更显现出一丝孤寂凄婉的味道来。

镜子还和婚姻紧密关联,它是古时婚礼上必备的物件,"忆昔逢君新纳娉,青铜铸出千年镜。意怜光彩固无瑕,义比恩情永相映。"说得清楚明白。

不过说起镜子与婚姻的关系,最著名的典故却是"破镜重圆"。

早在汉代的《神异经》中就有相关记载,有一对夫妻分别之时,将镜子一破为二,各执一半。后来妻子背叛了丈夫,她手中的半片镜子便化为喜鹊飞到丈夫那里,丈夫于是心领神会。

这只是"破镜",而"重圆"的故事就要温暖得多。

南朝陈末期即将被北周所破,太子舍人徐德言与妻子乐昌公主担心国破后两人离散,于是将一面铜镜打破,各执一半,并约定来年正月十五在都城里卖破镜,以期相见。陈亡后,公主被掳至杨素府中。约期已至,公主不能亲自出府,于是委托侍女去闹市中寻找卖半面镜子之人。徐德言此时正委托一位老者叫卖半面镜子,于是老者将侍女带回了府。

徐德言见此情景,便题诗一首请侍女一同带回,诗曰:"镜与人俱去,镜归人不归。无复嫦娥影,空留明月辉。"

公主拿出自己的半面镜子与老者的镜子相合,果然严丝合缝,又看到丈夫所写的诗,更觉得自己被困府内,身不由己,还不知此生能不能与夫君再聚,于是悲恸异常,不饮不食。杨素得知此事后,将徐德言召到府上,让他领回了公主。破镜终归重圆。

镜还因为谐音"静",也成为室内的一件重要摆设,常常与瓶子成对出现,意为"平静"。这也是独属于中国人的一份逸趣了。

唐

鎏金铁芯铜龙

大唐气象全看这条龙

说到"大唐气象",如果能回到大唐时的长安城,我一定要在这里寻找一下大唐气象具体而鲜活的例证。

在这里,当真用不着费多大力气,便可以找到许多线索。比如三彩武士俑威武刚猛,气势撼人,无人敢犯;三彩仕女端庄大气,带着格外的自信。又比如唐代最具成就的金银器皿,多有团花卷草、海兽葡萄的装饰,这些都是来自异域的图案;还有举目即见的胡人胡装,无一不体现出大唐包容天下的胸怀。即便是大唐的书法,颜柳楷体雍容端凝,自有我自岿然不动的豪气。草书就更不用说了,颠张狂素,恣肆放任,更是一派舍我其谁的霸气。

要这么一一说起来,实在是说不完,这些涉及生活方方面面的艺术与文化各具气质、各有风采,所谓的大唐气象,便从中一点一滴越来越清晰具体起来。

不过,当我看到一件不大的物件时,才意识到,或许只需要通过它,便可以尽显大唐气象的全部内涵了。

它是一条龙。

一条鎏金铁芯铜龙。

这条龙高约34厘米，重不到3000克，龙体为铜质，内包铁芯，通体鎏金。这条龙从材质上看，远算不上贵重；从体量上看，远算不上磅礴。用它来代表大唐气象，似乎很不够分量。

但它，是一条真正的唐代的龙。

龙在中国历史的发展过程中，形象经历过数次变化，我们现在最熟悉的龙的形象是来自明清时代定型的盘龙。明清时代的龙体态壮硕、身躯细长，虽然被塑造成张牙舞爪、腾云驾雾的样子，极力强调它的威严，却多少让人觉得臃肿迟缓甚至色厉内荏。

但唐代的龙，却完全不是这副模样。

你看这条唐代的龙，多么活泼啊，它们是真正的灵物，又不乏可爱可亲的脾性。

它的脖子和身体，弯成完美的S形，比例优雅，神气活现。整个身体上塑造得最扎实的就是两只强劲有力的前爪，正牢牢地抓着地面，稳稳撑起整个身体的重量。因为受力很大，它的关节处向外鼓起，血脉偾张，这是极具表现力的细节。

鎏金铁芯铜龙 | 159

鎏金铁芯铜龙
唐
陕西历史博物馆

因为这龙的体形很瘦，也就显得极其灵巧，可以做出高难度的姿势。它的两只后爪腾空，带动整个身体向后甩起，既飘逸又稳健。这个造型实在是太有动感，像是刚刚从空中俯冲下来还没有停稳，所以细细的尾巴还在空中飘忽不定。

龙的脖子很细，所以要弓着才能撑起它的大脑袋，脖子部位的这一弯，让整条龙瞬间活了过来。它的嘴巴大张着，露出尖细锋利的牙齿和细长弯曲的舌头，像是在对万物生灵发号施令。

龙的眉骨很突出，眼睛陷得很深，于是更显得深沉又机警。两只劲细的龙角向头后倒去，末端弯起一个小圆弧，减少了凌厉的气势。我们的中国龙，本来就不是恐怖的怪兽，而是庄严吉祥的灵物啊。

龙脑后的长鬣刻画很细致，一丝丝整齐排布，向后披伏，可见它是迎着风疾驰的。

虽然它此刻站得很稳，但那腾空的双腿总让我感到它其实是很"不老实"的，像是摆好架势想要随时翻个跟头亮个相似的。

这真是一条戏剧性十足的龙！

到底是天界灵物,所以它的脖子和后腿部位有两团小小的螺旋形云气,显现着它腾云驾雾的本领。

这条龙的造型简洁明了,没有一丝多余,无须任何虚张声势的刻意渲染,它只轻轻地立在这里,便已经体现了足够的自信与豪迈,以及灵动和飘逸,这才是中国龙真正的气度。

龙的形象在唐代极受欢迎,所以龙的形象很多,尤其是桥栏板上的"穿石龙",龙的身体在石间隐现,带来十足的神龙见首不见尾的趣味。

唐代的龙造型虽然身体细长,但因为四肢粗壮有力,利爪牢牢抓地,倒更带有走兽的特点。它们的身体虽然劲瘦,但曲线起伏动感很强,显示出蓄势待发之态,刚猛霸悍,神异而不可冒犯。

无须虚张声势,它已自带威严。它只静静地站着,邪秽便连试探的勇气都没有了。

当然,它又并非一味霸蛮,看它的目光,总觉得它对人世的一切都洞若观火,于是在恩威分明中也不乏温情。

古人认为"神龙能为高,能为下,能为大,能为小，能为幽，能为明，能为短，能为长"，所以我们即便看到不同形态的龙，它们的精神气质也都相同。

比如在博物馆中距离铜龙不远处的那一群更小的龙，它们的名字叫"赤金走龙"，也就是用足金制成的走龙，虽然最大的仅长七厘米，但却霸气十足。因为它们是真正的龙，是唐代的龙。

说起来，唐代还有一样动物在形象和气度上能与龙

赤金走龙
唐
陕西历史博物馆

三彩三花马
唐
洛阳博物馆

舞马衔杯银壶
唐
陕西历史博物馆

稍稍匹配，那就是马。无论是三彩陶马、昭陵六骏石刻还是金银器物、壁画上的马，都同样飒踏奔腾、自信豪迈。

大唐气象，说到底，也就是龙马精神吧。

这其实也是我们民族的精神底色啊！

唐

景云铜钟

新年的钟声

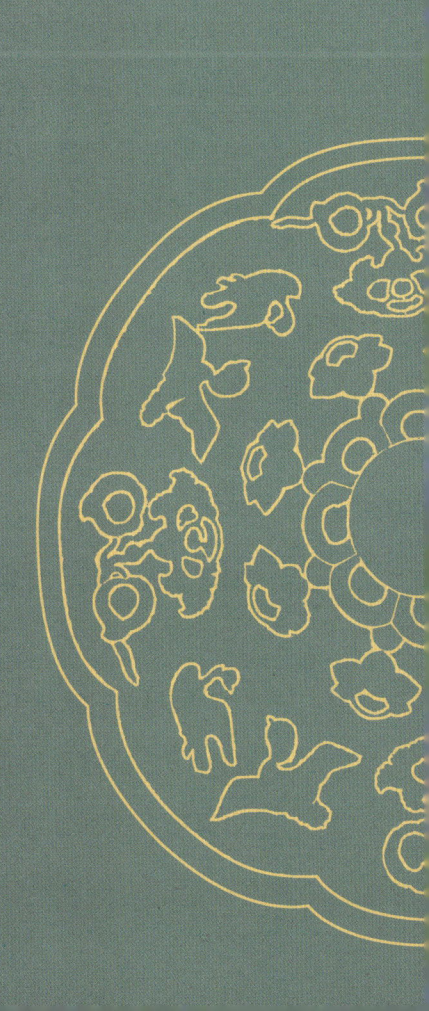

钟声在中国文化里，总是具有其他声音不可替代与不可超越的美好。

因为有了"钟鼓"的"讨好"，寤寐辗转的君子才得以取悦了窈窕淑女，成为我们的《诗经》开篇里最明快最怡人的一抹亮色。

因为有了"姑苏城外寒山寺"那淡淡传入客船的夜半钟声，中国人千古以来的那一抹客愁才得以平复。

即便是想要夸多斗靡地炫耀财富，也必须请出钟声来撑场面，只有"钟鸣鼎食"，才配得上簪缨世家的气派。

这倒不奇怪，毕竟我们是礼乐之邦，音乐关联的是礼制，所以作为乐器当中最有分量的钟，自然也就被赋予了格外的意义。

早在原始社会，人们就制作出了陶钟；到了商代青铜器繁荣之后，青铜就成为铸钟的材料，一直到今天仍然如此。

最早的青铜钟不是浑圆的，而是像两片瓦合在一起的样子，横截面像是橄榄，钟口部也不是平的，而是半弧形。这种钟被称为瓦型钟。我们最早的钟，都是

景云铜钟 | 167

景云铜钟
唐
西安碑林博物馆

（杨兴斌/FOTOE）

这样的形态。

有了如此美好的乐器，自然会激发出人们对音乐的创造力，很快，人们就开始把几个大小不一的钟组合使用，演奏的自由度就大大增加了。

成组的钟就是编钟。

春秋战国时期，编钟铸造进入鼎盛期，一套65件的曾侯乙编钟因为宽广的音域、精确的音准、丰富的音色等，成为中国古代乐器史上的绝顶。

不过，千万别忘了，商周时代的青铜器主要是作为礼器使用，编钟更是礼器中的重器，它的主要意义并不在于演奏完美的音乐、丰富贵族的生活，而在于彰显拥有者的等级和权力。

一旦大小贵族都开始争相铸造编钟，规模也远远超出了他们所能享用的等级，这便是"礼崩乐坏"的开始。

战国以后，编钟基本退出了历史舞台。

战国之后的钟，大多是单个的大钟了，而它们作为乐器的身份也开始转变。

到了东汉，随着佛教传入中国，钟被悬挂在寺庙，

唐景云铜钟立体全形影拓
1941 年
李松如椎拓

具有报时、集众的作用，同时更作为断烦恼、长智慧、增福寿、成正觉的法器。

寺庙里有"晨钟暮鼓"，正是用钟鼓之音来帮助佛门子弟修行，"晓击则破长夜警睡眠，暮击则觉昏衢疏冥昧"。

佛钟的形状都是正圆形的，这是汲取了佛教法器金刚铃的特点。铜纽也变成了一个类似于龙形的兽，称为"蒲牢"，是龙的九子之一。这样的钟，也就更具有神秘感了。

隋唐开始，大型铜钟的铸造就极少了，铸钟逐渐成为了一件具有重大纪念意义的仪式性活动。

我国目前留存的最著名的大钟景云铜钟，便是因为唐睿宗李旦在行宫中遇到了祥瑞吉兆而特下令铸造的。

景云铜钟由五段二十六块铸模分块铸造，重达六吨，当真是国之重器。

景云铜钟正面还有一段唐睿宗亲自撰文并书写的铭文，记述了铜钟所存之地景龙观的来历、钟的制作过程，以及对铜钟的赞美。钟的其他部位铸有腾龙飞凤等瑞兽图像，在祥云环绕之下更显神异。

明万历年间扩建长安城，建成了新的钟楼，也就是现在西安钟楼的位置，景云钟便被移到此地，为长安城报时。据说每当钟声响起，长安城上空回荡的钟声清亮如凤鸣。

景云铜钟的凤鸣之声，到底是什么样的声音呢？

其实，我们每个人都听到过。

每个除夕之夜，中央电视台春晚的新年钟声，正来自景云铜钟。

唐

三彩腾空马

骏马飞驰，踏云追风

中国在历史上一直有使用陶俑陪葬的习俗，规模最盛大的自然是秦始皇兵马俑；汉代的大型墓葬里也动辄有数以千计的陶俑陪葬；到了唐代，这种陪葬陶俑又出现了特殊的样式，这就是我们熟悉的"唐三彩"。

唐三彩是在唐代墓葬中盛行的一种低温釉陶，以黏土为胎，经过一定的挑拣、淘洗之后，先用模具制成坯体再进行加工，比如人物的手、头发、手上所持的器具等均为后期捏塑，各色纹样则刻画而成，所以显得既规整统一，又各富意趣。

三彩之名则来源于釉色。常见的有黄、绿、白、褐、蓝、黑等，其中以黄、绿、白三色为多，所以大家也就习惯称之为"唐三彩"了。

这种陶器是用来陪葬的，并不作为日常之用，工艺也就不那么讲究。比如陶土中含有比较多的杂质，也经不起太高的温度，所以一般烧成温度也就 1000 摄氏度左右，而瓷器需要 1300 摄氏度高温才能烧成；由于胎体粗疏，它的质地就远不如瓷器那样致密坚固；再加上它的需求量很大，人们图个经济实惠，所以也就更加随意了。

不仅如此，三彩的上釉手法也相当粗放。

大概是因为唐代国力强盛，财大气粗，工匠特别舍得用釉，三彩上的釉很厚，以至于在烧制的过程中，釉水会不断向下流淌，形成特殊的滴垂效果。上釉的时候也没有固定的标准，想用什么颜色就用什么颜色，想怎么混合就怎么混合，所以各色釉水相互晕染，烧成的色彩也就显得格外绚烂。

三彩上色并没有一定之法，加上烧成后的效果又无法预见，所以这种看似随意随机的作品，却恰恰具有了一种宛自天开的别致和奇趣。

当然，唐代的工匠水准也确实高，即使是制作这种批量生产、价格低廉的明器，也能如此惊艳世人，不得不说优秀是一种习惯啊。

唐三彩的器型很丰富，最主要的是人物俑和动物俑，包括仕女、舞乐、文官、武士，另一个世界也是队伍齐整的；另外为了保护墓主人不受邪秽侵扰，唐三彩里面还有很多天王俑和镇墓兽，这更体现了它的明器属性；动物俑中最常见的是马和骆驼。

从我们的艺术史上看，大凡国力强大的朝代，马的

威武雄壮的天王三彩俑

形象就特别多,比如汉代和唐代,因为马是古代决定军队战斗力的重要因素。

也正是这样的原因,马在唐三彩当中不仅数量庞大,而且神姿焕然,它展现的是整个大唐的气度和风采。

三彩马都是高头战马的形象，这些马的尾巴都是束起来的，这是为了防止奔跑作战时马尾被缠住，据说这是突厥、波斯一带的习俗。

有时候，马鬃会被剪成三丛或者五丛，被称为"三花马"或者"五花马"，这表明它们血统尊贵，是来自边地的良马。可见，虽然是陪葬的明器，现世中的人也绝不马虎对待。

马的毛色最多的是褐色，有时还夹杂着白色，由于釉水施得不均匀，就显出深浅不一、褐白交杂的效果，这倒比通体匀净的效果要真实奇妙得多。

当然也不乏通体一色的马，尤其是通体黑色、白色的马，只安静地立在那里，便自得一股高贵出尘的气质。

反正上色全凭工匠心情，有时候的神来之笔，几点绿，一抹蓝，倒成为三彩俑最令人惊艳的色调。

所有的三彩马均有马鞍，可见它们不是野马。有了马鞍，马才和人类发生了关系，也建立了情感。马鞍于是成了整匹马身上色彩最华美的部分，有些会被刻画出花纹，再施几种釉彩。釉料之间相互混合晕染，

三彩腾空马 | 177

三彩腾空马
唐
西安博物院

显出别样的绚烂。

整匹马上，马尾和四蹄通常不施釉水，露出胎体平朴素淡的本色，于是让人在满目华彩之外深深地透出一口气。浓淡得宜，才是最难得的构思。

马的姿态很丰富，有立马、走马、奔马等等，不过，要论最神异非凡的当数四蹄腾空的"飞马"。

西安博物院的这件腾空马是三彩马中极为罕见的造型，由于马蹄完全伸展开来没有落地的支点，只能在马肚子下面增加一点支撑物。

疾驰度关山，飒踏如流星，马儿饱胀的肌肉下涌动的是大唐最澎湃的激情和热血。

不过，即便马儿追风踏月，马背上的人儿却稳如泰山，甚至还满面笑意。这是位技艺卓绝的少年，不知是谁家的儿郎。细看来，少年耳畔各梳一个发髻，身穿蓝色长袍，腰间系着一只皮囊，这并非中原的打扮。原来这个追风少年，是一个胡人。

当年的长安是世界上最大的都市，八方来客云集于此，长安城以最大的包容和宽厚接纳着这些异域的旅人，当然他们也回报了长安城别样的风情。我们无须知晓这位胡人少年究竟来自何方,如此飞扬的神采,如此鲜活的青春,多么切近长安的气质和神韵。

在我国目前出土的三彩马中,这是仅见的一尊四蹄腾空的造型,真不知当年的工匠何以如此灵光闪现,从而塑造出大唐最俊逸神飞的一匹马来。

除了造型,这匹马的釉色也格外有趣,不知工匠是有意还是无意,零星几滴褐色的釉从马的颈部向下流淌,正像是一路狂奔之后马流下的汗水,加上褐色浓重,更有了几分汗血宝马的感觉。

想来也只有这样的神驹,才能一路踏过千万里行程,穿越千百年岁月,唤醒我们对大唐从未消失的记忆。

唐

马球图

唐代最流行的危险运动

我最早知道马球，来源于和这项运动毫无关系的一样物品，那是一种名叫 Polo 衫的夏季短袖衫，衣服上面绣的标志就是一个骑马打球的人。后来我才知道"Polo"其实就是英语中"马球"的意思。

其实，这个 Polo 词并不是英语词汇，它来自藏语语系，意思正是"马球戏"。

马球运动的起源现在还没有定论，但可以肯定的是，这是马背上的民族喜欢的游戏。不过，当这项运动向东传到中原之后，立刻就在中国风靡了起来。

这种风在耳畔呼啸而过的飞驰感，确实是相当棒啊！

中国很早就有关于马球的记载，称为"击鞠"，"鞠"就是用软革包起来的球。东汉的画像砖上就有打马球的形象，三国时期的曹植在诗中也描述过打马球的盛况，但一直到唐代，马球才真正盛行起来。

唐代的人到底气度超迈，所以喜欢的运动都这样不同寻常。

马球是一项技术含量非同一般的运动，它对骑术的要求相当高，骑手能做到在疾驰的马背上俯仰自如，甚至上下翻飞，才算是符合了基本条件。

但出人意料的是，在唐代，这项激情飞扬的游戏却并不只有男性参与。马球的狂热爱好者当中，还有许多是女性，她们对马球的热爱可不只是观战，而是要亲自跨马在赛场上搏杀一番。

在唐代，马球是自上而下风行起来的，先是受到皇帝和贵族的喜爱，再到王公大臣、富商巨贾，最后发展到无论有什么高兴事乃至有什么国家大事，都要先在马背上来一局再说。

在唐中宗的时候就举办了一场著名的马球比赛，算是一场"马球外交"。

当年，吐蕃迎娶金城公主的使团来到长安，也不知到底是哪一方有心展现自己的球技，于是举行了一场马球赛。吐蕃代表队对战从大唐神策军中挑选的马球手。开始几局大唐队均落后于对手，惹得中宗满心不悦。后来双方决定换人再战，大唐队派上了驸马、临淄王等四人上场，最后终于赢回了面子。

据记载，临淄王"东西驱突，风回电激，所向无前"，绝对堪称当场的"最佳球星"。这位临淄王就是

马球图 | 183

《打马球》壁画
唐
陕西省考古研究院

后来的唐玄宗李隆基。

还有比这更重要的场合，同样有一场马球赛来见证了历史。

这应该算得上是史上最重要的马球赛了。

这场球赛发生在初唐。

事情发生在唐太宗刚刚即位不久，北边的突厥颉利可汗想趁太宗江山未稳进犯长安，于是率十万大军直抵长安城外的渭水便桥。太宗亲率六位得力大臣一起来到桥南，与颉利可汗隔河相谈。武德九年八月三十，太宗与颉利可汗于便桥之上订立盟约，突厥从此退兵，史称"便桥会盟"。

会盟仪式结束之后，双方就举行了一场"马球友谊赛"。后来元代画家根据当时的记载所绘的《便桥会盟图》中，这场比赛扣人心弦的激烈场面就成为画家着力渲染的内容。

这次会盟，太宗当然不是靠马球退的兵，而是拿出了大量金银布帛送与突厥人。不过四年以后，唐代的军队生擒了突厥颉利可汗，算是雪了恨。这一场战斗，当然也远比马球场上要激烈得多。

唐代的皇帝大多热衷马球，据考证，大唐一共二十二位皇帝，其中马球爱好者就占了十八位，而且其中不乏球技超群者，这就是僖宗皇帝，他甚至自诩"朕若应击毬进士举，须为状元"。

在当年，马球的地位极其特殊，远不止是游戏这么简单，它还被视为加官晋爵的捷径。唐代就有不少人因为球技出众而得以觐见皇帝，最后谋得高官厚禄。

这种论球技排辈的规矩还得到了官方认可。

皇帝的禁军"神策军"本身就是全国最优秀的马球队，提拔将领也要以球艺高低来决定。

这样的选拔标准是不是看着很眼熟？

陈及之《便桥会盟图》（局部）
元
北京故宫博物院

三彩马
唐
中国国家博物馆

这是当时最著名的"三花马",装饰如此华丽的马在马球场上也是相当拉风了。

北宋末年的高俅也是凭着一脚好球技被徽宗重用,最后当然是踢碎了江山。

其实要不是利益巨大,有些人是万万不会冒着巨大生命危险上场拼杀的。因为一旦进入马球场,"运动员们"就真的要以命相搏了。

打马球是一项极为危险的运动,流血受伤是常有的事，残疾甚至身亡的情况也不少见，即使是王公贵胄也难免死伤。比如唐玄宗的儿子荣王在马球赛场上就从疾驰的马上跌落气绝身亡。

甚至有皇帝都因为打马球而一命呜呼，而且在唐代还不止一例。

唐穆宗因为打球受了惊而卧病不起，不久便驾崩。

这不算最惨的。

穆宗的儿子敬宗迷恋马球，不理国事，最终被他的"球友"所杀。

还有唐代倒数第二个皇帝昭宗，被朱温逼出长安城都还不忘打马球，最后被朱温杀死。

这几位皇帝为了自己热爱的运动赔上性命，大概算得上是马球史上最狂热的超级"粉丝"了吧。

这样风靡的运动，自然被展现在了唐代的器物当中。

彩绘陶俑和唐三彩中就有不少打马球的形象，包括打马球的仕女俑，她们那纤细柔弱的外表包裹的其实是一颗强悍狂野的心啊。

唐代的铜镜上也有许多打马球的图像。马儿凌空疾驰，马背上的球手则翻转腾挪，目不转睛地盯着小球的去向。最惊艳的是一手持缰绳一手高举球杖反身击球的形象，光是这姿势，便足够有美感了。

这项让人血脉偾张的运动实在令人不忍割舍，于是当时的王侯贵族还把它带到了地下，以便自己在另一个世界也能感受速度与激情。

著名的《打马球图》壁画就出自唐高宗的第六子章怀

章怀太子墓壁画《打马球图》（局部）
唐
陕西历史博物馆

太子之墓。画面表现的是一场宫苑的马球赛，场上二十多名球手跃马扬鞭，执缰挥杖，各显神威。

最核心的是五位球手，他们全神贯注地围绕着小球，使出浑身解数想要一击即中。

比赛的结果我们自然无法得知，不过看双方凶悍又专注的架势，很可能是一场拉锯战吧。

当然，也不是每一个唐人都热衷于这项运动。韩愈就专门写过一篇文章规劝上司不要打马球，原因是这项运动很危险。当然，还有一层意思，是防止玩物丧志。毕竟这只是游戏，若过分沉溺而耽误了国家大事，就真是得不偿失。何况并不是没有这样的例子啊。

唐代以后，马球在民间就没这么流行了。

因为这项运动实在太酷炫、太剽悍，只有豪迈热血的唐人才会奋不顾身地喜欢。所以到了后世崇文抑武的年代，马球这种劲爆的游戏就再难得有广泛的群众基础。

想想也是，那个清雅文弱的宋代，无论如何都不是打马球的气质啊。

不过，马球在军队中一直很流行，毕竟这项运动对于骑术是很好的训练。再加上军中战马充沛，战士们训练有素并且精力旺盛，马球倒是最适合的游戏。

再到后来，马匹不再是军事和生活当中重要的物资，这项运动也就几近消失了。

现在，普通人想要饲养马匹已经成为难得的奢侈事情，更别说练就一副马上的好身手，所以打马球也就成为了极为专业、极为小众的运动了。

所以现如今，我们最熟悉的和马球有关的事物，大概就真的只剩下 Polo 衫了。

唐

肚痛帖

肚子疼出来的千古奇作

每个人大概都经历过肚子疼，除了身体难受以外，这个事情往往还会让人相当狼狈，所以肚子疼和风雅是无论如何联系不到一起的。

当然，这是我们普通人的情况，要是遇到非同寻常的"超人"，那就是另外的情形了。

比如书法史上这两位"圣手"，一位东晋的"书圣"王羲之，一位唐代的"草圣"张旭。

这两位都因为肚子疼，留下了书法史上的千古奇作。

王羲之这件作品叫作《夜来腹痛帖》。

内容大意是王羲之因为晚上肚子疼得受不了，所以没法去见朋友，只能含恨擦肩而过。他的这些亲友平日里也来来去去，大家难得有机会见面深谈，于是王羲之深以为憾。

正因为王羲之很看重这次相见，却又如此不巧，所以他才郑重地手书了这样一张小纸条，一共七行五十八个字。

肚子疼的时候，谁还能作长篇大论呢。

不过到底是书圣，任何时候都可以保持一贯的超高水准,所以这张小帖也就成了他书风的极佳代表。

王羲之本人是极为洒脱、相当不拘小节的。所谓字如其人,他的书法风格行云流水,开合自然,大家赞其为"飘若浮云,矫若惊龙"。

不过,在王羲之肚子疼痛难忍的时候,浮云、惊龙就退到一边了,我们看到的是一个摒弃了所谓经营和规矩的病人,强忍着疼痛也要对朋友匆匆说几句要紧的话,纯然是一派赤子的笔墨和心迹,看来更让人动容。

我们命名古代的手札,一般都采用手札内容的前几个字,"夜来腹痛"正是如此。不过这张手札更多地被

王羲之《上虞帖》
东晋
上海博物馆

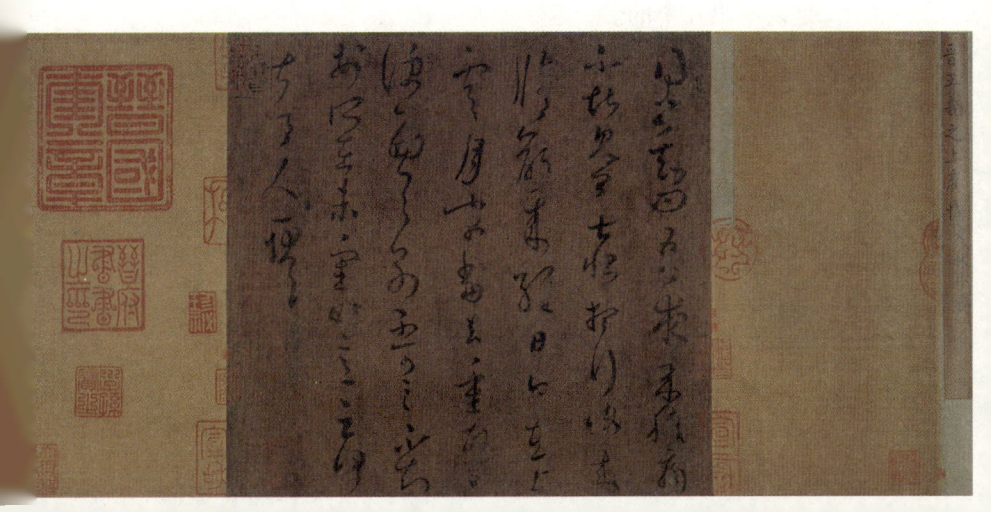

称为《上虞帖》，这是因为徽宗曾题签此名，似乎是雅了许多，但情境感顿失，很有点让人莫名其妙。

还是张旭的《肚痛帖》痛快淋漓、不加遮掩。

张旭是唐代最著名的草书家。据说张旭酷爱饮酒，竟然喝到了全国闻名的地步，与当时的李白、贺知章等人一起被称为"饮中八仙"。杜甫在《饮中八仙歌》里还专门写了他酒后狂态："张旭三杯草圣传，脱帽露顶王公前，挥毫落纸如云烟。"

张旭不是一般的饮酒醉酒，他发起酒疯来就会写字，提笔落墨一挥而就，甚至醉得太深的时候，会用头发蘸墨作书法，世人称他"张颠"。

这样一个放纵不羁浪漫绝顶的人，所写的字也同样浪漫非常。所以，这样的狂草字体，我们一般人其实是认不出几个的。

不过，欣赏书法，读懂内容在其次，我们看的是作品全篇的笔势、章法、意境，是纸背后的那个人他的气质、情绪和格局。

现在再来看《肚痛帖》，便能分明地感受到张旭写字时，肚子还是疼痛难耐的，大概写到最后实在拿不

张旭《肚痛帖》(拓片)
唐
西安碑林博物馆

稳笔了，所以字越写越大，越写越放纵，最后一笔写完，应该是大汗淋漓地倒地不起了吧。

也不知道这肚子疼是不是酒喝多了的缘故。

这帖极短，大约也就四行三十个字。也是，肚子痛得直发抖冒汗的时候还可以忍痛写书法，已经够难为他了！

不过话说回来了，艺术创作的状态说来也怪，不知其所起，而且来去匆匆，倏忽即逝。要是张旭等肚子舒服了再铺开纸，当然也不至于写不出来，不过一定不具备这般落笔惊风雨、书成泣鬼神的气势了。

肚痛时写书法，真算得上是顶级高手中的另类玩法了。

唐

葡萄鸟纹银香囊

唐代的高科技香薰

讲究和雅致一定是中国人自带的基因，你看，"香味"这个词不就是明证吗？

把"香"放在"味"之前，先关照了嗅觉，然后才轮到味觉，这样的顺序真是相当有格调。

中国古人在举行重大的仪典之前，总需要进行一项特别的活动——焚香沐浴，有时候还要斋戒，也就是先要约束和超越自己的口腹之欲，再通过水与香来"净化"，才能使人的肉体和灵魂达到更加完善的状态。这么看来，缥缈无形的香气比起实实在在的食物，层次是要高出不少了。

原始社会的人们就已经把香用在祭祀的场合，部落的祭司在缭绕的香气和轻烟中祈祝神明，感通天地；到了后来，熏香又成为礼敬佛道的活动当中最重要的步骤；直到现在，人们为了祈求神佛护佑，最简单又最流行的方便，仍然是上一炷香。

当然，焚香不仅关联着这些形而上的礼仪，它还有特别实际的用处。

早在五千年前的黄帝神农时代，先民们便已经学会了采集树皮草根熏香驱疫辟秽。端午节熏艾草除五毒的习俗就是上古遗风。

《诗经》上记载过的植物就有一百多种，其中有不少便是香料。后来的药学著作中也几乎都有关于香料的记述，如《神农本草经》《唐本草》《本草纲目》等等。

不过，这种用于驱除疫病的熏法比较简单粗暴，大多时候是直接焚烧植物枝叶，利用其浓郁的烟气来达到效果。

后来逐渐发展出比较柔和的熏香方式，把植物进行精细加工，制成香饼、香球一类的香料，再使用器皿闷烧熏香。熏香主要是用来净化室内空气，既使人神清气畅，又可以借此展现主人的社会身份和地位。

还有更加别出心裁的方法，就是用香料直接熏染衣物。这不仅是女子的喜好，文人士大夫们也乐此不疲，只不过使用的香料各不相同罢了。

香料最极致的用处大概是在丧葬当中，那就是用香料对尸身进行防腐处理。比如长沙马王堆汉墓女主人尸体的保存状况，就充分说明了香料防腐的神奇效果。

葡萄鸟纹银香囊
唐
陕西历史博物馆

纵然"香"看不见摸不着，显得神秘莫测，但通过文字记录和器物得以留存的，却是我们看得见摸得着的东西——香料和香具。

最早的"香料"就是自然界的各种芳香植物，草、木、花、果、节、叶、皮、液，都被进行了彻底的开发。后来人们又对这些植物材料用研磨、煎制等方式进行深加工，最后制作成香料。

秦汉以前最普遍的香料有兰、蕙、椒、桂、萧、芷、茅等。

魏晋时期，名士们对香的需求更大，使用也更讲究，香料种类也越来越丰富，来自域外的香料激增。据记载有沉香、檀香、乳香、藿香、苏合香、迷迭香、龙脑香、甘松香、泽兰香、沉香等等。由于许多香料珍贵难得，一时之间成了豪门大族们斗富的工具。

隋唐以后，许多境外的异香成为贡品，陆路和海上贸易开始繁荣以后，香料也成为中原政权进口的大宗商品。这个时期的安息香、龙涎香等等，都是贵族的一时之宠。

到了宋代，随着贸易的发达，香料的数量和品种都

鎏金银铜竹节熏炉
西汉
陕西历史博物馆

有了极大的丰富，普及度也逐渐提升，进入了寻常百姓家。我们常常追慕宋人的生活之雅，香料在其中的贡献不小。

有了香料，就得有配得上的器具。香料的使用方法一般有两种，一是焚烧，一是佩戴。

焚烧使用的就是香炉。

香炉是使用历史最久远的香具。香炉的造型和材质一直在发生着变化，但有一点是固定不变的，那就是香炉是敞烧的，所以烟气很大。

到了汉代，熏香的方式越来越文雅，于是就发明了香熏，也就是带盖子的香炉。

汉代最有代表性的香炉就是"博山炉"，香炉的盖子被塑成绵延的山形，因此而得名。

用于佩戴的香具，就是香囊。

古人衣服上原先没有口袋，想要随身携带一点小型的必需品就需要一个佩囊。香囊就是由此而来。根据《礼记》的记载，未成年的男女拜见父母长辈时，就要佩香囊以示尊敬。香囊是随身的私物，所以也成为青年男女爱情的信物。

香囊通常是刺绣精美的小布口袋，但到了唐代，却发展出独具匠心的新样式。

唐代出现了许多金属制作的香囊，有些用于随身佩戴，有些是悬挂在帐内等处，还有的作为了随葬品。据《旧唐书》中所载，安史之乱中，杨贵妃被赐死并葬于马嵬坡，后来玄宗重返旧地，因思念深重，于是挖开杨贵妃旧冢准备改葬，结果发现墓中的尸体和服装都已腐烂，唯有杨贵妃佩带的香囊完好如初，这香囊就是金银所制。

陕西历史博物馆的葡萄花鸟纹银香囊，也是现在留存下来的唐代最有代表性且技术含量最高的香囊。

这个球形的香囊有两层，外层为银质的两个半球，布满了镂空的葡萄花鸟纹样，内层则是一个金质的半球，用来盛装香料。两层之间有圆环支撑，并有铆钉相接，圆环和内层可以自由转动。最为奇巧的是由于重力作用，内层的金半球无论怎么转动，都能始终保持开口朝上，所以香料也就老老实实地待在里面，绝不会洒漏出来。

现在，我们航海航空的陀螺仪装置上利用的也是这种平衡原理，这枚小小的香囊，也可以算是妥妥的高科技了。

唐

伏羲女娲图

没有规矩，不成方圆

丝绸之路上的高昌古国不仅引进了中原的吃食，也引入了中原的神仙信仰，所以在许多已出土的高昌古国墓室顶上，常常能够见到画于绢或帛上的神仙图像，图像内容是一男一女两个人首蛇身的形象，一看就是上古大神。

他们正是伏羲和女娲。

大约在战国时期，就出现了伏羲作八卦的说法。

他还"因夫妇，正五行，始定人道"，也就是创定了婚姻制度。

定了"礼"，还要创制"乐"，于是伏羲又发明了琴瑟，所以古琴中有一种样式就叫作"伏羲式"。

这样，我们的礼乐社会也就基本成型了，因此伏羲也被称为华夏的"人文之祖"。

女娲做的事比伏羲还要厉害得多。

先是炼五色石补天，又砍断鳌的四只脚撑住四极，还杀死黑龙，止住泛滥肆虐的水患。等到天地归位、自然条件合适了，女娲又用黄土捏人，赋予人生命。

天地收拾停当，人类也创造完毕之后，女娲也同样"置婚姻"，"作笙簧"，专注于制定礼乐，与伏羲做的

伏羲女娲图
唐
新疆维吾尔自治区博物馆

事有点类似。

于是,人们为了表现这两位大神辛辛苦苦为人世间确立秩序和规范,便让女娲执画圆的"规",伏羲持画直线的"矩",人间因此就有了规矩和方圆。

二位配合得简直完美。

墓室顶的绢画上为了表现二位的亲密,将他们未拿法器的胳膊简化为了一条,让他们"共用",下半身的蛇尾也做螺旋形交缠。在其他地方出土的类似图像上,伏羲身边还有太阳,女娲身边有月亮的图像,更显现出一派阴阳和谐的氛围。

其实在中国的早期神话当中,女娲的地位要比伏羲高得多,我们从她的"成就"当中就可以看出来了,都真正是些惊天动地的大事,是作为创始之神存在的,这也反映了人类早期母系社会的特点。

比如西王母,在早期神话传说中也是地位极高的女神,远比我们后来从《西游记》中看到的那个王母娘娘地位要尊贵得多。

后来,随着进入父系社会,社会等级制度逐渐确立,男性神祇的地位就慢慢抬升了,伏羲开始与女娲平起平坐。

不仅如此,原本"神格"和身份都极为独立的女神,在父系社会中被强行黏附了一位男神,地位一落千丈,慢慢从主导变成了从属。

女娲"屈尊"被迫与伏羲结合就不说了;西王母更被人凭空创造出一个东王公与她强行组对;嫦娥在早期神话中和后羿也没关系,是到了汉代才被凡人牵线搭桥,让他们结为了夫妻。

汉代独尊儒术,这些神也不得不"屈服"于儒家的伦理纲常,全部被凑对成了"大团圆"。

所以,在汉代的画像石当中,伏羲、女娲和西王母、东王公成对出现的图像是极为常见的,在祠堂中尤其多。

祠堂除了供奉和祭祀祖先,通常也是道德伦理训示的场所,最强调的就是制度与规范,所以这里用手持规矩与方圆的二神形象,再合适不过了。

在四川地区出土的伏羲女娲像中,还有二神手持乐器的形象。一位执弦乐器,一位执管乐器,表现的也是天地相通、管弦和谐的意思。

两汉时期是伏羲女娲图像流行与发展的高峰期。到了魏晋时期，这样的图像开始在中原衰落，但在河西走廊一带，却发现了许多彩绘砖上有二神图像。到了隋唐时期，伏羲女娲信仰终于传到了西域边陲，所以公元六至七世纪，在吐鲁番地区的高昌古国蓬勃兴盛起来。

不过，由于高昌古国聚集了许多西域的民族，所以这里的伏羲女娲二神形象往往被描绘成高鼻子、深眼窝，带着明显的胡人特点。

虽然形象与中原不大相同，但法力和神通应该是不变的。

至于为何我们的上古大神都是人首蛇身的形象，现在还没有定论，但有几种说法还比较站得住脚。

在上古时代的神话中，人首蛇身的大神有很多，黄帝、西王母、烛龙都是这样的形象。据统计，《山海经》中一共454个人物，与蛇形有关的多达138个。

之所以是蛇，有几个原因。

第一是蛇的繁殖能力很强。对于古人来说，种族繁衍是头等要紧的大事。

第二，蛇虽然没有四肢，却能在陆路水路都畅行无阻，这是令人羡慕的生存技能。

还有更厉害的。蛇会冬眠，来年春天蜕皮再生。在古人眼里，这就更是"起死回生"的惊人神力了。

要是把蛇惹毛了，蛇分分钟就能够用毒液夺去人的性命，所以又让人类对它们心存畏惧。

让人又敬又怕，在古人眼中，蛇和神，何其一致啊。

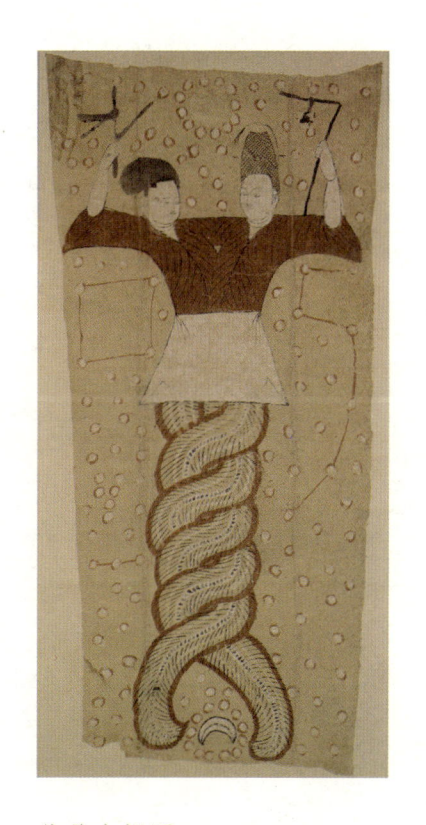

伏羲女娲图
唐
新疆维吾尔自治区博物馆

图中的两位神是汉人形象。

唐

花式点心

看，丝绸之路上一千年前的吃货

新疆吐鲁番自古就是丝路上的枢纽重镇，所以这一带分布着不少曾经辉煌一时的古国，比如乌孙、楼兰、高昌、龟兹、疏勒、车师等等。现在，这些古国已经掩埋在黄沙之下，大凡在这一带进行考古发掘，便总有震惊世人的宝物亮相。

比如我们前面讲过的精绝古国"五星出东方利中国"织锦护臂，堪称史上最吉利的祝祷。

也因为如此，从二十世纪初开始，我国新疆一带的宝藏也一直被来自国外的探险家、盗宝者觊觎。

在吐鲁番的火焰山之南，高昌故城之北，有一大片古墓群，名为"阿斯塔那"，在维吾尔语中是"京都"的意思。古墓群密密匝匝地堆积着自西晋至唐代的贵族、军士和百姓墓室，绵延十公里。高昌故城的繁华过往和风物人情，便在这里沉睡了长达一千多年。

从晚清开始，这里就不断受到盗墓者的惊扰；到了二十世纪初，英国、俄国、德国、日本的盗宝者在这里疯狂洗劫，一直持续了三十年，被盗抢的珍贵文物不计其数，对这些古城墓葬的破坏也极为惊人。

新中国成立后，我国又组织专家对阿斯塔那古墓群进行了多次考古发掘。即使是当年强盗们的弃物，也仍然十分珍贵，包括丝织品、壁画、陶俑、木器、服饰、银币、墓志等，以及尤为珍贵的古代文书。

在拼合的文书上，学者发现最早的纪年是西晋泰始九年（273年），最晚的是唐大历十三年（778年），推断这个古墓群前后历时五百年。

文书的内容庞杂丰富，既有官府文书，包括典章、状纸、讼词、文牒、账历、契约，也有私人的信札，还有经文抄本、衣物等等，甚至还有数千具干尸。

这一切，让高昌王朝几百年间的历史，瞬间真切了起来。

这当然是要拜这一带极为干燥的气候条件所赐了。

不仅如此，干燥的气候还留下了让人意想不到的东西。

当考古人员翻开几只倒扣的碗时，一千多年前"舌尖上的高昌"，轰然闪现在大家的眼前。

碗里面存放的是各形各色的高昌面食点心！

这些面食的制作很讲究，花形各异，有四棱式、菊花式、叶片形、宝相花、六瓣花、九瓣花等等，还有小油馕，最令人惊奇的是竟然还有饺子。

饺子可是我们中原土生土长的美食，随着丝路行旅不知何时传到了这里，于是被当年高昌的"吃货"们笑纳了。

看来，吃货们海纳百川、来者不拒的精神确实是不论古今啊！

有学者进行了研究统计，唐代长安流行的食物当中，胡食的品种相当丰富。

先说面食。

阿斯塔那唐墓出土的一千多年前的饺子、小馕和花样点心。

做食物的各种彩绘泥塑女俑
唐
新疆维吾尔自治区博物馆

　　唐人最爱的是胡饼，有人认为这是芝麻烧饼，有人认为这是馕。此外还有烧饼、五福饼、镖䬾（或称毕罗）、古楼子、搭纳等。

　　五福饼据说是加了多种馅料的胡饼。

　　毕罗就是手抓饭，也有记载是一种有馅的面点，馅的种类也多，史载有蟹黄的、樱桃的，多种高档口味。

　　还有一种叫索饼，索就是细绳子，顾名思义，就相当于今天的水煮面条了。

另一种名为汤饼的,据考证就是臊子面。

古楼子这种面食连做法都有详细说明:把一斤羊肉切成薄片分层夹在胡饼中,再撒上胡椒、豆豉等作料,表面浸一层酥油入炉烤制,羊肉半熟时即可食用。这种制作复杂考究的高档西域食品,在当年也十分受长安富豪们的青睐。

还有就是连名字都一直流传至今的油饼。油饼本来也是胡食,阿斯塔那古墓出土的那个小油馕应该就是它。

从西域传入唐代的蔬菜极大地丰富了唐人的餐桌,有黄瓜、茄子、苜蓿、酢菜、菠菜、浑提葱、莴苣、葫芦、胡豆、苋菜等等。还有水果和坚果,金桃(黄桃)、葡萄、巴旦杏、阿月浑子(胡榛子)、枣椰、松子、胡桃等等。

当然,有些蔬果是汉代张骞出使西域以后就传入中原地区的,比如葡萄、大蒜、石榴、胡桃、胡葱、苜蓿等等。

有了主食和蔬菜瓜果,只差美酒了。

酒类自不用说，葡萄酒是当时各大酒肆里的人气商品。葡萄自汉代就已经传入中原，到了唐代，酿制技术更高明，提纯的水平高了许多，所以酒也就更加醉人了。

还有一种来自印度，通过波斯传入的"三勒浆"，是三种果实酿的，"三勒"也被称为"三果"，这三种果实分别是庵摩勒、毗犁勒、诃犁勒，它们的味道略带苦涩，但却被当时受印度文明影响的民族认为具有神奇的药用价值。"三勒浆"到现在还有，是一种保健品，不知配方与当年是不是相同。还有一种叫龙膏酒，色泽漆黑。

当然，比酒还要醉人的还有当垆卖酒的胡姬，这些都是来自西域的少女，美目顾盼巧笑怡人，是当年长安特别的风景。

同样由西域传来的胡椒、胡豉、白芥等调味品让长安人的生活滋味更足。

唐人此时还学会了砂糖制作的方法，生活更增添了甜美。

当时还传来了一种气味特浓郁的植物——芫荽，也

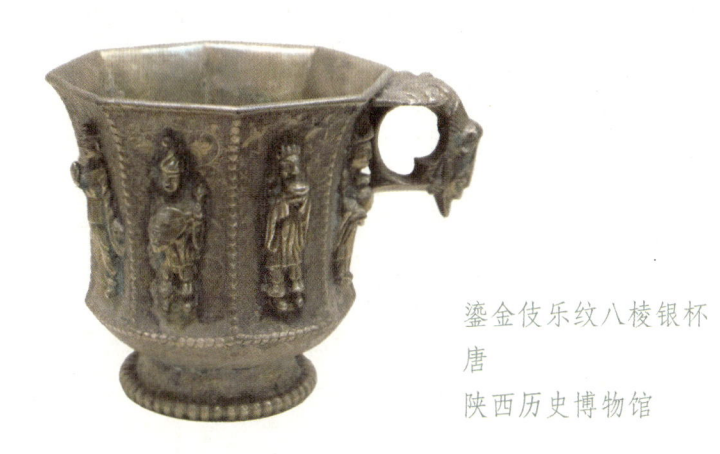

鎏金伎乐纹八棱银杯
唐
陕西历史博物馆

镶金兽首玛瑙杯
唐
陕西历史博物馆

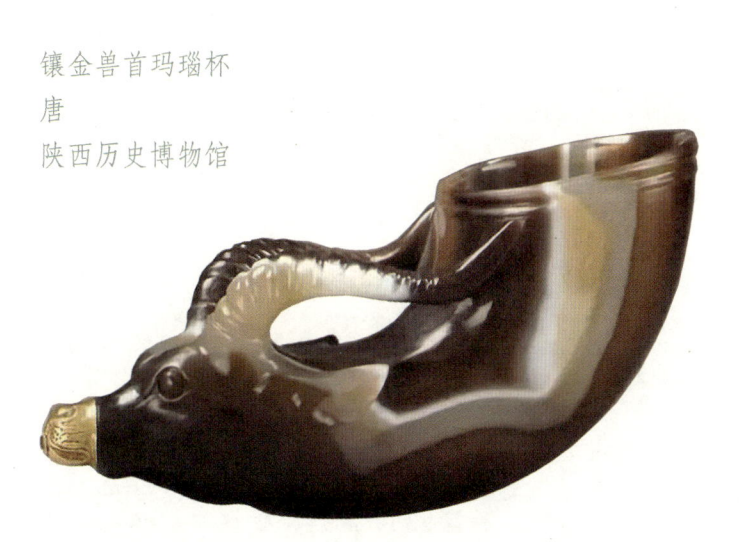

这些精美的酒器里,似乎还留下了当年的酒香。

就是香菜。千年以后的今天，这种霸气十足的调味料，还能立刻引发一场吃货之间的大战——吃香菜的和不吃香菜的，总是会打起来。

五代

耀州窑倒流壶

水壶里的小秘密

在陕西历史博物馆里，大家的眼睛总是不够用。青铜器的沉厚恢宏、金银器的闪耀夺目、三彩俑的绚烂淋漓、壁画的绵延大气，再夹杂着四方汇聚、万国来朝的异域风情，让人很有一种迷失在汉唐雄风里的眩晕感。

这里无疑只能属于盛世，它高调、煊赫、盛大、隆重，龙马腾跃，璀璨生光，轰然作响。

这里浓缩了长安城最辉煌的过往，千百年前的热闹喧嚣似乎仍然荡漾在空气里，久久不能平静。

所以，在陕西历史博物馆里，汉唐以外的文物，其实是有点吃亏的，因为它们无论多么努力，也实在争不过盛世的风头，只能默默地黯然神伤了。

我十分理解它们的心情，所以也就格外留心那些被盛世流光逼到角落里的物件。

目光一转，果然看到了一件低调的小物件，它在金银的华彩中自有光华，沉静、温润、和婉、隽永，似乎是煊赫的长安城在绚烂至极归于平淡之后的模样。

嗯，这便是到了五代了。

纵观中国历史，五代是一个极为短暂的过渡时期，

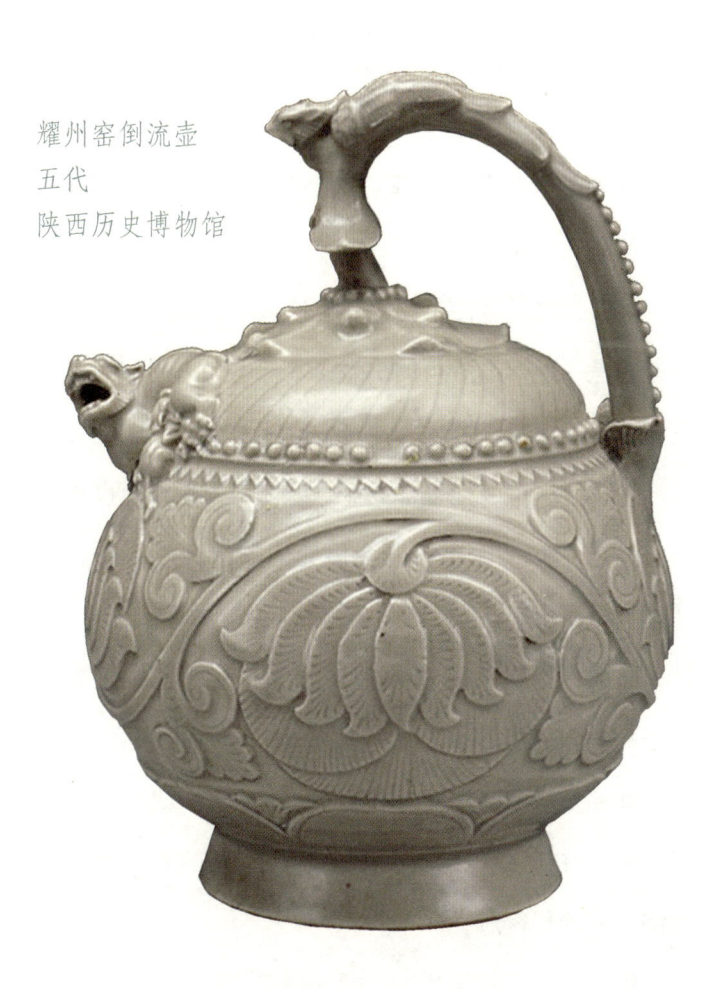

耀州窑倒流壶
五代
陕西历史博物馆

但这个时代的文化艺术却自成一体。比如在宋代大放异彩，成为一代文学代表的词，正是成熟于五代；中国的水墨山水画也同样成于五代，人物故事画《韩熙载夜宴图》也是此间巨作。这个既混乱又短暂的时代，让人实在无法小觑。

所以，这里这件小物件，也让人不能忽视。

这是一件奇趣清巧的小壶，一件出自耀州窑的青瓷倒流壶。

它看上去是一把正常的壶，但你却无论如何也找不到壶盖，不知从哪里打开，但壶内的水却可以顺利地从壶嘴里流出来。

那么，水是从哪里灌进去的呢？难道是从壶嘴灌进去的吗？壶嘴那么小，想要装满一壶那可太麻烦了。它的秘密其实藏在壶底，你把壶翻过来，就可以看到壶底的正中心有一个小孔，它才是真正的入水口，也是倒流壶的秘密所在。

只有把壶纵向切开，才能发现它的原理。

原来壶内的中心有一个导管连着壶底的小孔，这个导管很高，几乎要连到壶顶，这是为了壶里能装更多的水。根据物理学的"连通器液面等高"的原理——连通器中只有一种液体,且液体不流动时,各容器中的液面总保持相平。也就是说只要壶端正地放着,壶内的水面只要不高过导管,水就能安安全全地待在壶里不会从底部漏出来。

不得不说,这也算是把科技运用到生活当中的绝佳一例。

科技生活化,生活艺术化。哈哈,一千年前的人们早已对此熟稔于心。

不得不说,虽然这个时代仍然是乱世,但在审美上,这个时代无疑是拥有极高水准的。

你看,单单是这一把小酒壶里,就蕴含着多么丰富的内容啊。

提梁是伏凤式,以花蒂象征壶盖。盖、壶衔接处堆塑哺乳母子狮,母狮张口为"壶流",也就是壶嘴。球形壶腹刻饰缠枝牡丹。底部中央有梅花形注水孔,造型奇巧,是耀窑瓷器卓尔不群的珍品。

我们常常赞叹宋瓷的优雅精绝,看到这个小酒壶,便完全可以想象到即将到来的会是一个关于瓷器何等辉煌的朝代了。

到了宋代瓷器，我们总是乐道于五大名窑"汝官哥钧定"，偏偏忽略了耀州窑，但在宋代，耀州窑与五大名窑形成了"六大窑系"，甚至耀州窑的成熟和辉煌期来得还要更早些。

只可惜到了后来，宋室南渡，皇室所在的南方地区经济相对繁荣，而处于北方的耀州成为金人的统治地盘，于是便被有意淡忘了吧。

其实耀州窑才是最能体现宋人民间意趣的窑口啊。

耀州窑青釉刻花瓶
北宋
北京故宫博物院

北地时时处于北方民族虎狼之师的战乱威胁之中。如此环境下，人们也并没有丧失对生活的期望，没有陷入虚无的悲伤。从这把倒流壶上，我们能够感受到多么活泼的烟火气啊，工匠在动荡与平静的短暂喘息之间想出这样绝妙的点子，不得不让人在倍加赞叹的同时心生敬意。

所以宋代才成为中国艺术成就最高的朝代。

而耀州窑的这把小壶，正是一个先声，一个缩影。

西夏

西夏王陵鎏金铜牛

神秘王朝的辉煌见证

西夏在历史上是一个曾经一度"消失"又重新被"发现"的王朝。

西夏是由党项族建立的政权，这是曾经游牧于青海一带的羌族人的一支，后来内迁到宁夏、甘肃一带，并于1038年建立了西夏国，定都银川。到了公元十三世纪初，蒙古铁骑攻打西夏，遭到西夏人拼死抵抗，战争持续了二十余年，后来成吉思汗正是殒命于亲征西夏的途中。

由于征服西夏的代价太沉重，成吉思汗对西夏恨之入骨，于是他在病逝之前留下遗诏：灭绝西夏王、西夏族人、西夏文化。所以，当公元1227年蒙古灭西夏之后，这里曾经的一切都被无情地血洗和清除了。蒙古人建立元朝之后，史学家们在修史的时候也有意"忽略"了西夏，于是这个曾经辉煌一时，享国一百八十九年的王朝，被人为地消除了痕迹，遗漏在"二十四史"之外。

长久以来，世人甚至根本不知道历史上还存在过这样一个王朝。直到清中期，一块"天书"一样的神秘石碑引起了一位学者的注意，这正是用西夏文书写的

《凉州重修护国寺感通塔碑》，即"西夏碑"。这块碑成为开启那个早已被尘封的西夏文明的钥匙。在不断的研究考证之下，那个业已消失的神秘古国慢慢向世人展露出真颜。到了二十世纪七十年代，随着考古活动的深入，西夏遗址和文物被不断发掘，那个曾经在西北大地上辉煌一时的西夏古国，才重回人们的视野。

说起来，一个文明想要留下不灭的痕迹，文字或许是最重要的载体。西夏文明被重新发现并最终被历史铭记，正是由于西夏人创立了他们的文字。

西夏人本是游牧民族，但西夏建国前，西夏人就已经过上了定居的农耕生活。西夏的开国皇帝很有远见地命人创制了文字，共六千余字。由于西夏皇帝的倡导，这些文字一直被广泛地使用，从官方的文书到私人著作，以及佛经、钱币、碑刻、印章等等，都可以见到它的身影。西夏文的生命力还特别强，一直到明代中期仍然还有人在小范围内使用着。

西夏的文化很发达，雕版印刷就不用说了，西夏人甚至还熟练掌握了活字印刷技术，并有印刷品的实物保存至今。由于宋元时期的活字印刷品并没有实物传世，西夏的这些印刷品就更显珍贵，成为我们活字印刷术的重要物证。

这个只存在了一百八十九年的王朝，文化能够达到这样辉煌的程度，实在是令世人赞叹。

从西夏遗留下来的艺术品当中，我们还可以看到更加惊艳的作品。比如西夏王陵出土的这头鎏金铜牛，便是西夏的农业、手工业和艺术达到极高水准的绝佳一例。

西夏王朝以宁夏平原为中心，这里有适宜农耕的地理条件，加上统治者的推行和提倡，西夏农业发展极为迅速，而作为重要的农业生产帮手的牛也就成为极受喜爱的形象。

这头铜牛长120厘米，宽38厘米，高44厘米，重188公斤，虽然比起真牛要小不少，但铜牛的比例相当匀称，造型也非常准确。铜牛的眼神、姿势显得极为温驯，最见功力的是牛头颈部的几道褶皱，这种写实性的细节大大增强了牛的真实感。作为西夏王陵的陪葬品，这头牛更显尊贵，它通体金光闪耀，辉煌华美。

不要说在当时，即便是放在整个中国艺术史当中

西夏王陵鎏金铜牛
西夏
宁夏回族自治区博物馆

来考量,这件雕塑作品也是其中的佼佼者。它集塑形、铸造、鎏金、抛光等工艺于一体,体现的是西夏极高的冶炼水平和审美水准。

在甘肃榆林窟里还有绘制于西夏的《锻铁图》,画面上便有一名工匠推拉风箱,两名工匠抡锤打铁的场景。这种双扇木风箱在当时属于最先进的鼓风设备,风量大,可以持续维持炉内的高温,这也就直接促使了西夏发展出工艺精良的金属制品。

高超的冶炼技术自然不会仅仅被用在制作这些陪葬品上,更要紧的还是制作各种战争装备,对于战争不断的时代而言,这才是头等大事。西夏便把这项重要的科技用在了制造坚甲利刃上。

据记载,西夏的甲胄采用冷煅技术制作而成,不仅坚固到了"刀枪不入"的程度,而且还非常光滑闪亮,在当时是重要的战备物资。

除了坚固强韧的防护装备,战士们更需要锐不可当的进攻武器。西夏刀剑在当时就名满天下,有一种说法是"契丹鞍、夏国剑、高丽秘色,皆为天下第一,他处虽效之,终不能及"。据说,宋钦宗本人也常佩带夏国剑。

也正是有了这样的武器装备,才使得西夏人抵挡住了蒙古铁骑的六次重兵压境,让成吉思汗在此饮恨折戟。

不过,武器终究是武器,而决定战争胜负的因素可不光是武器那么简单。